세상에 대하여
우리가
더잘 알아야 할
교양
52

지은이 소개

지은이 **금준경**

건국대학교에서 커뮤니케이션학을 공부하고 '미디어오늘'에서 뉴미디어 팀장을 맡고 있습니다. 뉴미디어 시대에 나타나는 새로운 현상의 의미를 설명하고 미디어의 변화를 전망하는 기사를 주로 쓰고 있습니다. 쓴 책으로 《MCN 비즈니스와 콘텐츠 에볼루션》이 있고 다른 사람과 함께 쓴 책으로는 《프레임 전쟁》《저널리즘의 미래》《뉴스가 말하지 않는 것들》이 있습니다.

세상에 대하여 우리가 더 잘 알아야 할 교양

금준경 지음

52

가짜 뉴스

처벌만으로 해결이 될까?

내인생의책

차례

※ 본문의 **굵은 글씨**로 표시된 단어는 87 페이지 용어 설명에서 찾아보세요.

들어가며: 가짜 뉴스 시대를 극복하기 위해

탕탕탕. 2016년 12월 4일 미국 워싱턴 D. C.의 한 피자 가게에서 총소리가 울렸습니다. 에드거 웰치라는 청년이 총을 쏜 것입니다. 다행히 인명 피해는 없었지만 자칫 대형 참사로 이어질 뻔한 사건이었습니다. 청년은 왜 이런 위험한 일을 벌인 걸까요? 경찰 조사 결과, 청년은 이 피자 가게가 힐러리 클린턴 당시 **대선** 후보가 아동 성범죄 조직을 운영하던 곳이라는 뉴스를 보고 진상을 알아보기 위해 이 같은 일을 저질렀다고 합니다. 물론 힐러리 클린턴은 아동 성범죄 조직을 운영한 적이 없었습니다. 따라서 이 피자 가게 또한 범행 장소가 아니었지요.

2017년 6월 20일 많은 미국인들이 애도를 표하는 글을 페이스북에 올렸습니다. "할리우드 배우이자 감독인 클린트 이스트우드가 미국 로스앤젤레스 자택에서 숨진 채 발견됐다"는 뉴스를 공유하면서 말이죠. 동료 배우들의 추모 메시지까지 담겨 있어서 사람들은 감쪽같이 속았지만 할리우드의 아이콘 클린트 이스트우드는 멀쩡히 살아 있었습니다. CNN을 연상시키는 'www.cnn-globalnews.com'이라는 사이트의 주소 때문에 사람들은 이 글이 거짓말이라고는 조금도 의심하지 않았지요.

'가짜 뉴스'의 시대

언제부턴가 '**가짜 뉴스**'라는 말이 심심치 않게 들립니다. 이 말은 외국에서 만들어진 용어이지만 한국에서도 자주 쓰입니다. 그만큼 가짜 뉴스는 이미 사회적인 문제가 되어 있습니다. 한국에서는 주로 카카오톡과 같은 메신저 프로그램이나 네이버 밴드와 같은 폐쇄형 SNS를 통해 돌아다니는 정체불명의 '**지라시**'에 실린 기사를 가짜 뉴스라고 부릅니다. 가짜 뉴스는 특정 대선 후보가 금괴를 어마어마하게 많이 보유하고 있다거나 정부의 비리를 폭로한 언론의 보도가 실은 조작됐다는 식으로 의혹을 제기하는 뉴스 형식을 띠고 있습니다. 이 같은 내용을 실제로 믿고 시위에 나선 사람들까지 있습니다.

▌가짜 뉴스로 인한 총격이 발생한 피자 가게. 사람들이 꽃과 위로가 담긴 쪽지와 팻말을 입구에 놓고 가고 있다.

이처럼 허위 사실을 유포하는 가짜 뉴스는 사회적으로 큰 문제가 됩니다. 그래서 이에 관련해 많은 논의가 이뤄지고 있지만, 생각해 보면 허위 사실을 유포하는 건 동양에서나 서양에서나 예나 지금이나 계속 있어 온 것이 사실입니다.

"선화 공주님은 남몰래 결혼하고 맛둥서방을 안고 밤에 몰래 도망간다." 교과서에서 배운 '서동요'입니다. 선화 공주와 결혼하고 싶었던 백제 무왕이 소년 시절에 아이들에게 널리 부르게 했다고 알려진 이 노래 또한 따지고 보면 가짜 뉴스입니다. 일본의 간토 대지진 때는 '조선인이 우물에 독을 탔다'는 가짜 뉴스로 인해 많은 조선 사람들이 억울하게 학살당해야 했습니다.

이렇게 오래전부터 가짜 뉴스가 있었는데, 왜 이제 와서야 갑자기 '가짜 뉴스'라는 신조어가 생기고, 이렇게 큰 논란이 불거지는 걸까요? 여기에는 많은 이유가 있지만, 무엇보다도 인터넷이 등장하면서 사람들의 소통 방식이 이전과는 매우 달라졌다는 점에 주목할 필요가 있습니다. 사람들끼리 서로 소통하기가 쉬워지면서 정치적인 성향이 같은 사람들끼리 쉽게 모일 수 있게 되고, 자동화된 **알고리즘** 기술 덕분에 보고 싶은 것만 보게 만드는 현상이 심해진 것이지요.

가짜 뉴스, 어떻게 할 것인가?

사람의 목숨까지 위험하게 만들 정도로 가짜 뉴스가 문제가 많으니 가짜 뉴스를 만들어 내고 퍼뜨리는 사람을 '처벌하자'는 주장도 나옵니다. 실제로 국회에서 관련 내용을 담은 법안이 연달아 발의되기도 했습니다. 하지만

이 문제에 대해서는 좀 더 깊이 생각해 볼 필요가 있습니다. 거짓말을 하는 게 잘못인 건 맞지만 그렇다고 해서 무조건 처벌을 하면 국민의 기본권인 표현의 자유를 침해할 소지가 있기 때문입니다. 그리고 거짓말인지 아닌지 판단하기가 아주 모호한 경우도 있습니다. 한때는 가짜 뉴스 취급을 받았지만 나중에 알고 보니 사실로 밝혀지는 경우도 있고요.

가짜 뉴스로 인한 문제는 심각한데 그것을 처벌하기도 어렵다면 우리는 가짜 뉴스에 어떻게 대응해야 할까요? 이 고민에 대해 저는 여러분과 다양한 이야기를 나누고자 합니다. 가짜 뉴스의 여러 형태를 살펴보고, 가짜 뉴스가 왜 만들어지는지 이해한 뒤 개인적인 차원에서 뉴스를 볼 때 어떻게 가짜와 진짜를 구분할 수 있는지를 소개하겠습니다. 또한 세계적으로 거론되고 있는 가짜 뉴스의 대안을 소개하고 한계도 짚어 볼 계획입니다. 그리고 나서 가짜 뉴스의 시대를 극복하기 위해 진짜 필요한 것이 무엇인지 이야기를 함께 나눴으면 합니다.

1

가짜 뉴스란 무엇일까요?

가짜 뉴스가 해외에서 논란이 되더니 한국에서도 19대 대선 기간에 사회적인 문제가 됐습니다. 주로 정치인에 대한 가짜 뉴스가 많이 거론되었지요. 해외와 한국의 가짜 뉴스는 똑같이 가짜 뉴스로 불리고 있지만 그 형식에는 차이가 있습니다. 가짜 뉴스란 과연 무엇일까요?.

가짜 뉴스를 영어로는 'fake news'라고 합니다. '속이는 뉴스'라는 의미입니다. 미국에서는 대선 기간에 후보와 관련해 사실과 다른 정보가 급격하게 유포되었습니다. 프랑스와 독일 등 유럽에서도 가짜 뉴스가 쏟아졌습니다. 한국에서도 가짜 뉴스로 인한 문제가 심각하다는 이야기를 많이 들어 보았을 겁니다. 그런데 해외에서와는 달리 한국에서는 뉴스 사이트를 통해 사람을 속이는 경우는 찾기 힘듭니다. 그런데도 똑같이 가짜 뉴스라고 부르는 게 맞을까요? 가짜 뉴스와 진짜 뉴스는 어떻게 구분할 수 있을까요?

미국의 가짜 뉴스

'가짜 뉴스'라는 말이 처음 만들어진 곳은 미국입니다. 미국에서는 진짜 언론사 사이트를 흉내 낸 방식의 가짜 뉴스가 주로 논란이 됐습니다. 딱 보더라도 거짓임을 알아차릴 수 있는 가짜 뉴스도 있지만 ABC나 CNN과 같은 미국의 언론 매체 이름을 흉내 내고 주소를 비슷하게 만들어 놓아 실제 기사와 같은 구성 방식을 취하는 치밀한 가짜 뉴스 사이트도 적지 않습니

다. 한국으로 치면 'KBS'나 '조선일보', '한겨레신문'의 기사인 줄 알고 읽었는
데 알고 보니 가짜 뉴스 사이트였던 것이죠.

가짜 뉴스의 영향력은 막강합니다. 미국의 '버즈피드'라는 매체의 분석에
따르면 미국 대선 기간 동안 주류 언론 기사에 대한 SNS의 반응은 7,300만
건이었는데, 가짜 뉴스에 대한 반응은 8,700만 건으로 SNS 공간에서는 진짜
뉴스보다 가짜 뉴스가 더 큰 영향력을 발휘했습니다. 2016년 12월 미국의 '퓨
리서치센터'의 조사에 따르면 가짜 뉴스로 인해 사회적 혼란이 있다고 느끼
는 사람들이 88%에 달했습니다.

▌ 제266대 프란치스코 교황. 2014년 3월, 미국의 유력지인 '포춘'에서 선정한 세계에서 가장
영향력 있는 리더 50인 중 1위를 차지할 만큼 세계적으로 영향력이 어마어마한 인물이다.

2016년 미국 대선 때는 '프란치스코 교황이 도널드 트럼프 후보를 지지했다'는 뉴스가 가장 널리 확산된 가짜 뉴스로 알려졌습니다. 이 뉴스는 페이스북에서 무려 96만 명이 '좋아요'를 누르거나 '공유'했다고 합니다.

이 외에도 '**위키리크스**, 힐러리가 IS에 무기를 팔았다는 사실 확인', '힐러리의 IS 관련 이메일 유출, 상상 초월', '힐러리는 어떠한 공무직도 맡을 자격이 없다', '힐러리의 이메일을 유출했다고 의심되는 FBI 요원이 시체로 발견됐다' 등이 많은 사람들이 반응을 보였던 가짜 뉴스들이었습니다. 미국에선 가짜 뉴스가 트럼프 대통령의 당선에 결정적 기여를 한 것 아니냐는 의심까지 나오는 실정입니다.

유럽의 가짜 뉴스

유럽에서도 가짜 뉴스 문제는 심각합니다. 유럽에서는 실제 언론사를 흉내 낸 사이트뿐만 아니라 SNS 상의 합성 사진과 허위 글 등도 문제가 됐습니다.

독일에서는 "베를린에 사는 러시아 태생의 13살 소녀가 등굣길에 중동 난민에게 납치됐으며 이들로부터 강간당했다"는 내용의 SNS 게시물에 많은 이들이 속아 사회적인 문제가 되기도 했습니다. 독일 경찰이 확인한 결과 이 게시물은 한 소녀가 거짓말을 한 것으로 밝혀졌지만 독일 사회는 이미 큰 혼란에 빠진 뒤였습니다. 2015년 메르켈 총리가 베를린 난민 보호소를 방문해 난민 청년 모다마니와 사진을 찍은 적이 있습니다. 그런데 모다마니의 얼굴에 테러리스트 복장을 합성해 메르켈이 테러리스트와 사진을 찍은 것처럼 왜

곡한 가짜 뉴스가 급속도로 퍼졌습니다. "메르켈 총리가 인공 수정을 통해 태어난 아돌프 히틀러의 딸이라는 사실이 동독 비밀경찰의 기밀문서에서 드러났다"는 가짜 뉴스가 유포되기도 했습니다.

2017년 7월 프랑스에서는 "프랑스 최대 국경일인 대혁명 기념일 다음 날인 15일 루앙의 '독 76' 지구에서 발생한 테러로 17명이 숨지고 47명이 다쳤다"는 가짜 뉴스가 기승을 부렸습니다. 사람들이 큰 혼란에 빠지고, 관공서에는 "진위를 확인해 달라"는 전화가 빗발쳤다고 합니다. 실은 이날 프랑스 어느 곳에서도 테러는 일어나지 않았습니다. 가짜 뉴스 사이트를 통해 누군가가 '장난'을 쳤을 뿐이었던 것이지요.

한국의 가짜 뉴스

한국은 19대 대선을 계기로 '가짜 뉴스'라는 용어가 많이 쓰이기 시작했습니다. 반기문 전 유엔 사무총장이 대선 출마 포기를 선언하면서 가짜 뉴스를 강력하게 비판하고 나섰습니다. 반 총장은 "각종 가짜 뉴스로 인해 정치 교체 명분이 실종되면서 오히려 저 개인과 가족, 그리고 제가 10년간 공직했던 유엔의 명예에 큰 상처만 남겼다"고 밝혔습니다.

도대체 무슨 일이 있었던 걸까요. "반기문 전 유엔 사무총장의 대선 출마를 안토니우 구테흐스 신임 유엔 사무총장이 유엔법 위반으로 판단했다." 반 총장의 귀국 직전, 인터넷에는 이 같은 그럴듯한 뉴스가 퍼졌습니다. 마침 반 총장의 대선 출마가 유엔법을 위반했을 가능성이 제기되던 상황이라 유력 정치인들도 이 뉴스를 공유하며 반 총장을 비판하고 나섰습니다.

사례탐구 지라시형 가짜 뉴스들

19대 대선 때 퍼졌던 "문재인 후보가 일제의 금괴 200톤을 갖고 있다" "안철수 후보는 일제 부역자의 자손이다" 등이 대표적인 지라시형 가짜 뉴스입니다. 사실 이런 '지라시'는 가짜 뉴스라는 말이 만들어지기 전부터 기승을 부렸습니다. 5·18광주민주화운동에 북한군이 개입돼 있다거나 세월호 참사 배후에 전국교직원노동조합(전교조)이 있다는 등 사실과 다른 내용이 지라시 형태로 유포돼 왔습니다. 2017년 '택시 운전사'라는 영화가 개봉하고 나서는 영화의 주인공인 위르겐 힌츠페터 기자가 '간첩'이라는 지라시가 유포되고 있기도 합니다.

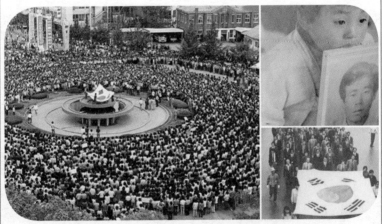

┃ 광주민주화운동은 1980년 5월 18일을 전후하여 광주와 전남 일대에서 신군부의 집권 음모를 규탄하고 민주주의의 실현을 요구하며 전개한 민중 항쟁이었다. 출처: 5·18 기념재단

그런데 이 뉴스는 가짜 뉴스였습니다. 유포 경위를 추적해 보니 **포털** 사이트 게시판에 한 네티즌이 쓴 '신임 유엔 사무총장이 반 총장의 출마가 유엔 결의 위반이라고 주장'이라는 내용의 글이 발단이었습니다. 이후 해외 한인 언론이 이를 사실로 단정해 보도했고, 국내 정치인이 이를 인용하면서 가짜 뉴스가 만들어진 것이죠.

반 총장은 자신을 괴롭혔던 '퇴주잔 논란' 역시 가짜 뉴스로 지목했습니다. 반 총장이 부친 묘에 성묘를 하면서 퇴주잔의 술을 바로 마셔 버리는 영상이 인터넷에 올라가면서 '예법에 맞지 않는다'는 비판을 받은 것이지요. 반 총장 측은 이 영상이 악의적으로 편집된 것이라고 해명했습니다.

반 총장의 사례를 보면 한국의 가짜 뉴스가 미국을 비롯한 서양의 가짜 뉴스와는 조금 다르다는 것을 알 수 있습니다. 물론 한국에도 언론사를 흉내 내어 커뮤니티 게시글을 통해 가짜 뉴스를 퍼뜨린 사례가 있지만, 이것이 가짜 뉴스의 주된 유포 경로는 아니었습니다. '유엔법 위반 논란'은 허위 사실을 담은 게시글을 언론이 인용하면서 퍼진 것이고, 퇴주잔 논란은 커뮤니티 게시글을 통해 유포가 시작된 것이죠.

반 총장이 사퇴한 이후 본격적으로 대선 국면이 시작되자 대선 후보들은 카카오톡 등 메신저를 통한 '지라시'형 가짜 뉴스에 시달렸습니다. 이것이 한국에서 유독 기승을 부리는 가짜 뉴스의 대표적인 형태입니다 '지라시'는 일본말로 전단을 가리키는 용어입니다. 국내에서는 암암리에 돌려 보던, 사실 여부가 불투명한 증권가의 정보지를 '지라시'라고 불렀는데, 지라시를 통해 거짓 정보를 전달하는 방식으로 가짜 뉴스가 유포되는 것입니다.

한국의 가짜 뉴스 유포 경로가 유럽이나 미국과는 다르다는 것은 통계를

사례탐구 구분하기 힘든 진짜 뉴스와 가짜 뉴스

다음은 한국언론진흥재단이 실제 시민들을 대상으로 실시한 가짜 뉴스 구분 테스트입니다. 6가지 기사에는 가짜 뉴스와 진짜 뉴스가 섞여 있습니다. 읽어 보고 어느 것이 가짜 뉴스인지 맞혀 보세요.

1. 국내 체류 외국인이 200만 명을 넘어서면서 지난해 외국인 범죄 건수가 사상 최초로 4만 건에 육박한 것으로 나타났다.

2. 이철성 경찰청장이 박근혜 전 대통령 파면 이후 친박 단체의 집회 과열 양상을 두고 필요한 사법적 조치와 함께 정광용 박사모 회장 등에 대해 반드시 사법적 책임을 묻겠다고 밝혔다.

3. 트럼프 미국 대통령은 김정은 북한노동당 위원장에 대해 "완전히 미쳤다 (perfectly crazy)"라고 말하면서 북핵 위협 제거를 위한 선제 타격이 필요하다고 말했다.

4. 중국은 한국의 사드 기지 건설과 관련해 중국의 모든 포털 사이트 내 뮤직 코너에서 한국 음악 차트를 삭제하고 한국 방송 프로그램의 업데이트도 중단했다.

5. AI(조류 인플루엔자)의 인체 감염이 확산되면 공기로도 전파가 될 수 있으며, 이에 따라 중국에서 날아오는 철새가 인체 감염 AI균을 몰고 올 수도 있다고 분석됐다.

6. 강남역 살인 사건 이후 여성들이 지나가던 남성에게 욕설을 하고 돌덩이를 던지는 등 불특정 남성을 대상으로 한 여성들의 남성 혐오 범죄도 연이어 발생하고 있다.

어느 것이 진짜 뉴스이고 어느 것이 가짜 뉴스인지 구분하기가 쉽지 않지요? 정답은 1, 2번만 진짜 뉴스고 3~6번은 가짜 뉴스라는 것입니다. 언론진흥재단은 1,084명을 대상으로 조사를 실시했는데 정답을 맞힌 사람은 19명(1.8%)에 불과했다고 합니다.

 가장 오답률이 높았던 기사는 4번 "중국은 한국의 사드 기지 건설과 관련해 중국의 모든 포털 사이트 내 뮤직 코너에서 한국 음악 차트를 삭제하고 한국 방송 프로그램의 업데이트도 중단했다"는 내용의 가짜 뉴스였습니다. 응답자의 24.9%만 이 기사가 가짜 뉴스라는 것을 알아차렸습니다. '사드 배치'에 따른 중국의 보복이 실제 있었고, 한 음원 사이트에서 한국 음악 차트가 잠시 사라졌던 것도 사실입니다. 그러나 한국 음악 차트를 삭제하고 업데이트를 중단하는 조치는 없었습니다. 이 테스트를 보면 순 거짓 뉴스 보다는 거짓과 사실을 뒤섞어 놓은 가짜 뉴스가 확실히 진위를 파악하기 더욱 어렵다는 것을 알 수 있습니다.

보아도 드러납니다. 한국언론진흥재단 조사 결과 가짜 뉴스를 받아 본 경로는 카카오톡 등 모바일 메신저가 39.7%로 가장 높게 나타났습니다. 페이스북, 트위터 등 SNS에서 가짜 뉴스를 접한 비율은 27.7%에 그쳤으며 가짜 뉴스 사이트를 통해 받아 본 경우는 3.7%에 불과했습니다.

한국에서는 언론 보도 자체가 가짜 뉴스로 지목받는 경우도 많았습니다. 박근혜 대통령 탄핵 정국 때 박근혜 대통령을 지지해 온 일부 언론은 '최순실 게이트의 증거가 조작됐다'라는 사실과 다른 보도를 내놓았는데, 다른 언론사들은 이 같은 보도를 가리켜 가짜 뉴스라고 지칭했습니다. 대선 기간 후보자들이 자신에게 불리한 의혹을 가리켜 가짜 뉴스라고 지칭하는 경우도 적지 않았습니다.

가짜 뉴스의 종류

이처럼 가짜 뉴스라는 단어는 처음에는 언론사 사이트를 흉내 낸 게시물을 뜻했지만 시간이 흐를수록 SNS에 유포되는 사진, 영상, 게시글 등으로 범위가 넓어졌습니다. 한국의 경우 카카오톡의 '지라시', 그리고 언론 보도까지 가짜 뉴스로 지목받고 있는 실정입니다.

그리하여 가짜 뉴스의 종류도 매우 다양해졌습니다. 그럼 가짜 뉴스는 어떻게 분류할 수 있을까요? 우선, 의도에 따라서 여러 종류로 나뉩니다. 첫째, 재미를 위한 가짜 뉴스가 있습니다. 이용자가 직접 가짜 뉴스를 만들 수 있는 툴을 서비스하는 사이트도 있는데, 대표적인 가짜 뉴스 제작툴 앱으로 '페이크뉴스'가 있습니다. '페이크뉴스'는 지난 대선 때 **중앙선거관리위원회**가 '선거법 위반 게시물'의 게시를 자제하도록 압박했고 결국 앱을 자진 삭제했습니다. 유사한 서비스를 제공하는 '데일리파닥'도 있습니다. 이 외에 뉴스 앵커 화면에 자막을 비워 두고 이용자가 직접 하고 싶은 말을 쓰게 하는 패러디 툴이 유행을 하기도 했습니다.

두 번째는 정치적인 목적의 가짜 뉴스입니다. 국내외에서 사회적으로 큰 파급력이 있었던 가짜 뉴스는 대부분 정치와 관련된 뉴스였습니다. 한국과

┃ 데일리파닥 사이트. 뉴스 만들기 아래에 경고 문구가 달려 있다.
©DAILYPADAK.

미국, 유럽에서 공통적으로 선거 기간 동안 가짜 뉴스가 더 주목을 받는 것은 이때가 정치판이 가장 과열된 시점이기 때문으로 보입니다. 특정 후보자를 지지하거나 저지하려는 이들이 사실과 다른 가짜 뉴스를 만들어 사람들을 현혹시키려고 하는 것이죠.

세 번째는 경제적인 목적의 가짜 뉴스입니다. 가짜 뉴스를 통해 이용자를 유인하고, 급증한 접속량(트래픽)을 통해 광고 수익을 올리는 방식입니다. 특히, 구글이 제공하는 광고 서비스 애드센스 배너를 붙이면 직접 광고주를 찾지 않고도 자동으로 광고주와 연결되고, 사이트 접속량에 비례해 광고 수익을 올릴 수 있습니다. 한국에서 사이트 접속량에 따른 수익을 얻기 위해 내용과 상관없는 제목을 붙이거나 제목이 매우 자극적이고 선정적인 '낚시 기사'를 만드는 것도 같은 이유라고 할 수 있습니다.

사례탐구 가짜 뉴스는 누가 왜 만들까요?

"힐러리 클린턴 후보의 이메일 사건을 수사하던 미연방수사국(FBI) 직원이 자살한 채로 발견됐다. 그러나 타살이 의심된다." 페이스북에서 50만 회 이상 공유돼 막강한 영향력을 미친 것으로 추정되는 가짜 뉴스입니다. 당연히 도널드 트럼프 지지자가 힐러리 클린턴 후보의 당선을 막기 위해 제작한 것처럼 보입니다. 그런데 이 가짜 뉴스를 만든 제스틴 콜러는 힐러리의 지지자였다고 합니다.

그는 왜 이런 가짜 뉴스를 만들었던 걸까요? 콜러가 '니먼리포트'라는 미국 매체에 쓴 글을 보면 답을 알 수 있습니다. "가짜 뉴스를 만들면 사이트 접속량이 증가하고, 광고주에게서 전화가 오면 잠재적인 재정 이익이 있다는 걸 깨닫게 됐습니다. (가짜 뉴스) 작성을 하는 이들에게 (자신이 만든 가짜 뉴스의) 광고비를 개별 입금되도록 하니, 콘텐츠 프로모션에 많은 도움이 됐습니다."

그리고 트럼프 후보의 가짜 뉴스를 특히 많이 쏟아 내는 지역을 추적했더니 마케도니아에 위치한 벨레스라는 소도시로 나타났습니다. 이곳에 트럼프 후보 지지자가 있었던 걸까요? 역시 아닙니다. 가짜 뉴스 제작자 다수는 청소년이었다고 합니다. 누구를 당선시키려고 한 게 아니라 가장 많은 트래픽을 뽑아 낼 수 있는 이슈를 만드는 데 골몰한 결과였지요. 왜 트럼프 후보에게 유리한 뉴스에 대중이 더 많이 반응을 하는지는 다음 장에서 구체적으로 알아보도록 하겠습니다.

■ 인구 4만여 명의 작은 도시 벨레스는 미국 대선 기간 동안 가짜 뉴스의 진원지가 되었다. Македонец from mk ©

형식을 기준으로 가짜 뉴스를 분류해 보면, '좁은 범위의 가짜 뉴스'와 '넓은 범위의 가짜 뉴스', '논쟁적인 가짜 뉴스'로 나눌 수 있습니다.

'좁은 범위의 가짜 뉴스'는 언론을 위장한 사이트를 통해 정치·경제적인 목적을 갖고 사실과 다른 내용을 뉴스처럼 포장한 것입니다. 황용석 건국대 미디어커뮤니케이션학과 교수는 가짜 뉴스를 '정치·경제적 이익을 위해 의도적으로 언론 보도의 형식을 띠고 유포된 거짓 정보'라고 정의했습니다. '언론 보도 형식이지만 언론 보도가 아닌 것'이라고 할 수 있겠지요.

'넓은 범위의 가짜 뉴스'는 뉴스' 형식을 취하고 있지는 않지만 사람들을 속이는 정보를 말합니다. 모바일 메신저 지라시와 커뮤니티 게시글, 합성 사진이나 악의적으로 편집한 영상이 여기에 포함됩니다. 이들은 '정치·경제적 목적을 위해 제작했다는 의도성'은 있지만 '언론 보도의 형식'은 갖추지 않았다는 점이 다릅니다.

'논쟁적인 가짜 뉴스'는 언론사의 보도를 말합니다. 달리 말하면 '내가 보기에 나빠 보이는 뉴스'라고 할 수 있습니다. 한국에서는 언론사의 보도를 가리켜 가짜 뉴스라고 하는 경우가 많습니다. 언론 보도도 사실과 다르면 '가짜 뉴스'라고 부를 수 있지 않냐고요? 그러나 가짜 뉴스의 원래 개념이 언론의 보도가 아닌 것을 지칭한다는 점에서 실제 언론 보도를 포함하는 게 부적절하다는 지적이 있습니다.

게다가 언론 보도에 대해서는 과장 보도, 왜곡 보도, **오보**라는 말로도 충분히 설명할 수 있어 굳이 새로운 용어를 만들어 쓸 필요가 없습니다. 명확한 증거는 없지만 얼마든지 가능한 의혹 보도를 무 자르듯 가짜라고 판단하기도 힘들고, 자칫 권력자를 향한 합리적인 의혹 제기나 자신에게 불리한 보도도 가짜 뉴스 취급하는 역효과도 나타납니다. 최순실 게이트나 문화체육관광부 블랙리스트 파문 역시 처음부터 증거가 있었던 건 아니었고, 이 같은 언론 보도에 당사자들은 사실 무근이라며 부인을 하기도 했습니다.

대중은 어떻게 생각하고 있을까요? 한국언론진흥재단이 실시한 조사에 따르면 기사 형식을 갖춘 조작된 콘텐츠가 가짜 뉴스라는 응답이 80%에 달해 가장 높았습니다. 카카오톡 등으로 유포되는 속칭 '지라시'가 가짜 뉴스라는 응답도 73.4%로 높은 편이었습니다. 언론사의 왜곡 보도와 과장 보도를 가짜 뉴스라고 생각하는 응답자는 40.1%로 나타났는데, 많다고 볼 수는 없지만 그렇다고 적은 응답자도 아닌 수치입니다.

간추려 보기

- 가짜 뉴스(fake news)의 원래 의미는 뉴스가 아닌데 뉴스처럼 흉내를 내 이용자를 속이는 거짓 정보를 말한다.
- 가짜 뉴스는 정치·경제적 목적을 달성하기 위해 제작된다.
- 한국에서는 주로 메신저를 통해 유포되는 허위 사실을 가짜 뉴스라고 부른다. 언론의 왜곡 보도나 허위 보도에 대해서도 가짜 뉴스라고 지칭하지만 논란의 소지가 있다.

우리는 왜 가짜 뉴스를 믿을까요?

허위 사실 유포 행위는 오래전부터 있어 왔습니다. 그런데 인터넷이 도입된 이후 사람들은 자신과 취향, 정치적 성향, 관심사가 비슷한 이들과 쉽게 모이게 되었지요. 게다가 알고리즘 기술은 이용자가 원하는 성향의 콘텐츠를 자동으로 추천해 줍니다. 여기에 불황으로 인한 박탈감과 외부인을 향한 경계와 분노가 가짜 뉴스를 쉽게 믿고 유포하는 데 한몫을 했습니다.

가짜 뉴스의

정의를 살펴보면 의문이 생깁니다. '정치·경제적 이익을 위해 의도적으로 언론 보도의 형식을 띠고 유포된 거짓 정보?' 그런데 이런 거짓 정보를 만들어 퍼뜨리는 일이 반드시 오늘날에만 벌어지는 문제는 아닙니다. 특정한 목적을 갖고 사실과 다른 내용을 유포하는 행위는 언제나 있어 왔습니다.

1980년 5월 광주에서 시민 학살을 자행하던 신군부와 이에 동조하는 언론은 광주 시민들을 '폭도'로 묘사합니다. 당시 분노한 광주 시민은 광주 MBC 방송국에 불을 지르기도 했죠. "조선인이 우물에 독을 탔다." 일본 간토 대지진 당시 이 같은 루머는 조선인 학살로 이어지기도 합니다. 전쟁 중에 사실과 다른 내용을 유포해 상대 진영을 교란하거나, 정치적인 입지를 위해 정적을 모함하는 건 동서고금을 막론하고 언제 어디에서나 있어 왔습니다.

선거철의 가짜 뉴스도 마찬가지입니다. 독재 정권 때는 '야당 후보자들은 빨갱이'라는 식의 허위 사실이 유포가 됐습니다. 1828년 미국 대선 때는 공화당 후보 존 퀸시 애덤스 대통령이 상대 후보였던 민주당 후보 앤드루 잭슨이 러시아의 차르에게 미국인을 성상납했다는 가짜 뉴스를 유포했습니다.

이처럼 정치적인 목적을 위해서 허위 사실을 유포하는 행위가 오래전부터 있어 왔다면 굳이 '가짜 뉴스'라는 새로운 명칭을 만들 필요가 있는지 의문이 들기도 하지만 꼭 그렇지만은 않습니다. 최근 국내외에서 만들고 퍼뜨리는 가짜 뉴스는 인류 역사에 늘 존재해 왔던 의도적인 허위 사실이나 루머와는 차이가 있습니다.

옥스퍼드 사전은 2016년 세계의 단어로 '탈진실'이라는 단어를 선정했습니다. 탈진실은 '객관적 진실보다는 개인의 믿음이나 감정이 여론을 형성하는 데 큰 영향을 미치는 환경, 혹은 그 조짐'을 뜻하는 말입니다. 옥스퍼드 사전에 따르면 이 단어는 올해 들어 전년 대비 사용 빈도가 2,000%나 증가했다고 합니다. 왜 '탈진실'이 회자되고 있는 것일까요.

기술적 측면: 인터넷의 등장과 필터 버블

인터넷이 발달하기 전까지 사람들은 '자신이 원하지 않는 것'도 일정 부분 받아들일 수밖에 없었습니다. 자신과는 다른 비교적 다양한 취향과 성향의 사람들과 어울려야 했습니다. 자신과 다르지만, 그들과 함께 살아가기 위해 그들을 이해할 필요성이 있었습니다. 또, 신문이나 방송 뉴스를 TV나 지면을 통해 보게 되면 보고 싶지 않았던 소식, 내 생각과는 다른 관점의 뉴스도 볼 수밖에 없었습니다. 또, 예전에는 신문이나 방송 뉴스를 TV나 지면을 통해 보았기 때문에 보고 싶지 않았던 소식, 내 생각과는 다른 관점의 뉴스도 볼 수밖에 없는 상황이었습니다.

그런데 지금은 어떤가요? 인터넷 공간은 오프라인 세계에서는 지리적 조건의 한계로 교류하기 힘들었던 나와 비슷한 사람들을 하나로 모아 줬습니

1923년 9월 10일자 '매일신보'. '간토 대지진 당시 조선인들이 폭동을 조장하고 있다.'는 내용의 기사글로 전면을 다루고 있다. 거짓 루머로 인해 발생한 조선인 희생자는 약 6,000명~6,600명에 달하는 것으로 알려져 있다.

알고리즘이 인간의 의식에 막대한 영향을 끼친다는 사실은 여러 연구를 통해 입증되고 있습니다. 미국행동기술연구소(AIBR)의 로버트 엡스타인 박사는 4,500명을 대상으로 구글 검색 알고리즘 조작 실험을 거친 결과 부동층 20% 정도는 알고리즘 조절만으로 선거 당일 투표할 후보자를 바꿀 수 있다고 주장했습니다. 페이스북이 6,893만 명의 이용자들의 알고리즘을 조작하는 실험을 한 적이 있습니다. 이 실험에서 특정 감정을 담은 단어의 노출 빈도가 이용자의 감정과 상관관계가 있는 것으로 나타났는데, 이는 소셜 미디어의 알고리즘이 개개인의 사고에까지 '영향력'을 행사한다는 충격적인 사실이 실제로 드러난 실험이었습니다.

TED의 메인 홈페이지 화면. TED(Technology, Entertainment, Design)는 미국의 비영리 재단에서 운영하는 강연회다. 정기적으로 기술, 오락, 디자인 등과 관련된 강연회를 개최한다. 최근에는 과학에서 국제적인 이슈까지 다양한 분야와 관련된 강연회를 열고 있다.

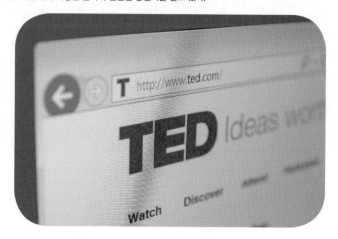

다. 다양한 입장을 가진 집단이 교류를 하는 기존의 방식에 큰 변화가 생긴 것이죠. 취미와 취향에 맞춰 인터넷 커뮤니티 활동이나 SNS를 할 수 있고 뉴스가 언론이 아닌 개별 기사 단위로 취향에 맞게 소비되고 있습니다.

문제는 나와 비슷한 성향과 취향을 가진 사람들끼리 묶이다 보니 그 생각이 점점 더 강화된다는 것입니다. 이를 극단적으로 부추기는 게 '개인화된 알고리즘'으로, 이제는 기계가 자동으로 개인의 취향과 성향에 맞는 콘텐츠나 정보를 제공합니다. 대표적인 개인화된 알고리즘 공간이 바로 페이스북입니다. 페이스북은 나와 유사한 정치적인 성향과 관심사를 지닌 사람들을 의도적으로 묶어 줍니다.

비슷한 취향과 성향끼리 묶어 주면서 SNS 활동이 더 활발해집니다. 내가 좋아할 만한 콘텐츠가 내 담벼락에 매일 쏟아지니 말이죠. 문제는 나와 유사한 성향의 사람들이 공유하는 정보는 한쪽으로 치우칠 가능성이 크다는 점입니다. 개인화된 알고리즘이 필터 버블을 만들고 강화시킵니다. 필터 버블이란 구글이나 아마존, 페이스북 같은 인터넷 정보 제공자가 사용자에 맞

전문가 의견

"알고리즘의 결과물은 충분히 매력적이어서 한번 맛을 보면 끊기가 힘이 든다. 내 생각과 같은 기사들만 내게 배달되고, 나와 같은 정당을 지지하는 사람들만 거주하는 소인국에서 사는 삶은 평안하다. 악마는 그 안에서 자란다."

– 엘리 프레이저 《생각 조종자들》의 저자)

생각해 보기

가짜 뉴스 문제가 아니더라도 알고리즘으로 인한 사회적 우려는 지속적으로 제기돼 왔습니다. 가장 큰 문제는 알고리즘이 실제 인터넷에 기록된 빅데이터를 기반으로 작동하기 때문에 편견을 고착화할 수 있다는 점입니다. 구글에서 'WHY ARE BLACK'이라고 쓰면 '시끄럽다'는 검색어가 자동으로 완성됩니다. 구글에서 '여성은 (are women)'을 입력하면 '여성은 사악한가'라는 자동 완성 문장이 등장합니다. '히틀러는 나쁜 사람이었나?(Was Hitler bad?)'라고 검색하면 첫 페이지에선 '히틀러가 알고 보면 좋은 사람이었던 10가지 이유'가 뜹니다. 카네기멜론 대학에서 연구한 결과, 구글의 온라인 광고 시스템은 여성보다 남성에게 높은 임금의 직업을 추천한다는 것이 드러나 논란이 되기도 했습니다.

쳐 개인화된 정보를 제공하고, 이를 통해 사용자는 자신의 정치적 성향에 맞춰 필터링된 정보만을 접함으로써 편견과 고정 관념이 강화하는 현상을 말합니다. 이 용어는 엘리 프레이저가 2011년 TED 강연에서 처음으로 발표했습니다. 그는 자신의 페이스북에 보수 성향의 글이 올라오지 않는 이유가 페이스북이 자신의 정보를 바탕으로 필터링했기 때문이라고 지적했습니다. 페이스북은 트럼프 지지자들에게는 트럼프 지지자들이 원하는 뉴스만을, 힐러리 지지자들에게는 힐러리에게 도움이 되거나 트럼프에게 불리한 뉴스만을 보여 줍니다. 그러면 사람들은 현실을 한쪽으로만 인식하게 되고 친구들이 공유하는 '내가 믿고 싶어 할 만한' 가짜 뉴스가 빠른 속도로 널리 확산됩니다.

디지털 공간에서는 어느 서비스든 체류 시간이 늘어날수록 수익도 늘어나기 때문에 자연스레 개인 맞춤형 알고리즘이 발달되고 있습니다. 세계적인 동영상 사이트 유튜브는 내가 본 영상 데이터를 바탕으로 내가 좋아할 만한 영상을 자동으로 추천해 줍니다. 포털 네이버와 다음은 이용자가 읽은 뉴스를 바탕으로 개인에게 맞는 뉴스를 추천해 주는 방식의 알고리즘 편집 비중을 꾸준히 늘려 나가고 있습니다. 그들이 추천하는 뉴스는 '내가 좋아하는 뉴스'이긴 하지만, '내 기대에는 반하지만 이 사회를 살아가는 데 꼭 필요한 뉴스'는 되기 힘들 텐데 말이죠.

인지적 측면: 집단 극화와 확증 편향

필터 버블이 심각하더라도 사람들이 믿지 않으면 무용지물이겠지만 편리한 인터넷 환경으로 인해 강화된 **집단 극화**와 **확증 편향**이라는 인간의 심리

더 알아보기

1961년 미국이 쿠바의 피그만을 침공한 적이 있습니다. 병력은 겨우 1,500명이었습니다. 당시 미국은 이 정도의 병력이라도 피그만에 상륙하기만 하면 쿠바에서 봉기가 일어나 쿠바 국민들이 자신들을 지원해 줄 것이라고 믿었기 때문입니다. 결과는? 미군 100명이 넘게 사망했고 1,000여 명이 포로로 잡혔습니다. 미국은 포로를 돌려받기 위해 굴욕적인 협상을 하게 됩니다. 이 침공은 미국 군사 작전사의 '치욕'으로 기록됐습니다. 이후 피그만 침공이라는 무모한 시도를 강행한 이유가 바로 '집단 극화' 때문이라는 분석이 나왔습니다. 당시 미국 정부가 의사를 결정하는 과정에서 반대하는 사람이 한 명도 없었고 다들 같은 생각을 하다 보니 누가 봐도 무모한 결정이지만 강행됐다는 것이죠.

▌ 전쟁이나 기아를 피해 다른 나라로 향하는 수천 명의 난민들.

적 측면이 가짜 뉴스 확산에 도움을 주고 있습니다.

'집단 극화'는 자신과 같거나 유사한 생각을 하는 사람들이 정보를 나누고 함께 소통하는 과정에서 더욱 한쪽으로 강화된 생각을 갖고 행동을 하는 특성을 말합니다. 다니엘 시트론 메릴랜드대학 법학과 교수는 "정보가 틀리거나 불완전하더라도, 사람들은 다른 사람들이 생각하는 방향으로 나아간다"고 밝히며 선거 후보자 선택이나 상품 구매 등에서 이런 문제가 발생한다고 지적합니다. 한국의 경우 '일간베스트'와 '오늘의 유머'처럼 정치 성향에 따라 커뮤니티가 더 극단으로 치닫은 것도 집단 극화의 예로 설명할 수 있습니다.

확증 편향은 사람이 자신의 선입견에 확신을 더할 수 있는 정보만을 선택적으로 찾고 반면 자신의 믿음과 반대되는 내용이 담긴 정보는 찾으려 하지 않을뿐더러 발견하게 되더라도 믿지 않으려고 하는 심리를 말합니다. 인터넷 환경 탓에 같은 성향의 사람들끼리만 모이다 보니 '내 개인의 생각이 일반적이다'라는 착각을 하게 만들어 확증 편향이 강화됩니다. 여러분의 페이스북 타임라인도 크게 다르지 않을 겁니다.

사회적 측면: 차별과 혐오 정서

사회적인 영향도 있습니다. 세계적인 불황이 이어지면서 많은 이들이 박탈감을 느끼고 있습니다. 이들에게 난민을 비롯한 이주민들은 '타인'입니다. 그런데 이 타인들을 위해 국가가 재정을 쏟고 있습니다. 자국민들에게도 일자리가 부족한데 이들이 잠식하려고 한다고 생각합니다. 더군다나 IS를 중심으로 한 테러도 이어지고 있습니다. 박탈감은 곧 '타인'을 향한 분노의 정서로 바뀝니다. 이 같은 현상은 정치의 변화로 이어지고 있습니다. 유럽의 선거 때마다 민족주의를 내세운 '극우 정당의 약진'이 이어지는 게 이제 낯설지 않습니다. 영국이 EU로부터 탈퇴한 브렉시트와 미국의 도널드 트럼프 당선에 기여한 투표층은 한때 호황을 누렸으나 지금은 몰락해서 박탈감을 느끼는 제조업 도시의 시민들이었습니다.

'타인 배제'의 정서는 '사회적 약자와 소수자'에 대한 분노로 이어지기도 합니다. 사회에 기여를 하지도 않았는데, 또는 세금도 안 냈는데 국가에서 주는 혜택을 누리는 것만 같아 느끼는 분노입니다. 트럼프 당선 이후 옛날 일로만 여겨졌던 백인 우월주의가 득세를 하고, 이에 따른 인종 차별이 다시 횡행하고 있습니다. 2017년 8월 미국 버지니아주 샬러츠빌에서는 백인 우월주의자들이 폭력 시위를 벌이기도 했습니다.

한국은 어떨까요? 한국에서는 난민이 사회적인 이슈가 아니기 때문에 외국인을 향한 혐오 정서가 강력해지고 있다고 단정할 수는 없지만 문제가 없는 건 아닙니다. 난민 대신 주로 소수자와 약자를 향한 차별과 혐오 정서가 강력해지고 있습니다. 극우 커뮤니티에서는 여성과 호남 지역 사람들을 끊임없이 비판하고 비난합니다. 일부 단체나 네티즌은 여성이 받는 혜택을 부각하며 '역차별' 논리를 강화하고 특히, 5·18 국가 유공자들이 받는 혜택을 과장하고, 5·18을 북한의 소행이라고 몰아붙이는 주장을 하며 집회를 엽니다. 자신보다 사회에 헌신하지도 않았으면서 혜택을 누린다고 생각하는 이들을

▍ 영국의 EU 탈퇴를 반대하는 집회 모습. ©John Gomez

향해 박탈감으로 인한 분노를 터뜨리는 것이죠.

가짜 뉴스는 바로 이 지점을 파고듭니다. 앞서 살펴봤듯 해외에서는 난민을 범죄자로 몰거나 난민을 향해 배타적인 정책을 펴지 않는 정치인을 비난하는 가짜 뉴스가 많습니다. 많은 이들이 갖고 있는 혐오 정서를 이용해 경제적·정치적인 목적을 얻으려고 하는 것이죠. 한국에서 카카오톡을 통해 유포되는 "5·18 유공자가 5~10%에 달하는 가산점을 받아 공직을 독점한다" "5·18 유공자들은 귀족 대우를 받는다" "2004년에 5·18 유공자의 자식들이 8, 9급 공무원 시험에서 80% 이상 싹쓸이 합격했다"는 식의 가짜 뉴스도 같은 맥락입니다.

간추려 보기

- 가짜 뉴스와 비슷한 개념은 예전부터 존재해 왔지만 인터넷 환경에 따라 확증 편향이 강화되고 집단 극화가 심화되는 문제점이 이전과 비교하기 힘들 정도로 커졌다.
- 불황이 이어지면서 차별과 혐오 정서가 강력해지는 것도 가짜 뉴스가 유포되는 데 기여하고 있다.

가짜 뉴스를 처벌해야 할까요?

가짜 뉴스에 대해 중앙선거관리위원회가 적극적으로 대처하겠다는 입장을 밝혔고, 국회에서는 가짜 뉴스를 처벌하는 법안들도 나왔습니다. 그러나 처벌이 근본적인 해결책이 될 수는 없으며, 예상되는 부작용도 만만치 않습니다.

가짜 뉴스 때문에 피해를 보았다는 이들이 늘어나는 상황입니다. 그래서 이를 방치할 것이 아니라 적극적인 대응을 해야 한다는 목소리가 높아지고 있습니다. 정부와 정치권에서는 가짜 뉴스를 어떤 식으로 처벌하겠다는 걸까요? 처벌하는 데 문제는 없을까요?

가짜 뉴스에 대한 제도적 대응

19대 대선 직전 세계적으로 가짜 뉴스가 논란이 되자, 중앙선거관리위원회에서도 가짜 뉴스에 대해 적극적으로 대응하기 시작했습니다. 선관위는 가짜 뉴스를 만드는 제작 툴을 제공하는 앱에 '선거법 위반에 따른 경고 문고'를 삽입할 것 등을 요구했고 페이크뉴스라는 앱은 결국 자진 삭제를 했습니다. 유사한 서비스인 데일리파닥은 사이트에 "대통령 선거 관련 후보(예정)자와 그 가족에 대한 비방/흑색선전/허위 사실 유포 등의 행위는 공직 선거법에 따라 처벌받을 수 있다"는 문구를 넣었습니다.

SNS를 통한 가짜 뉴스의 확산을 막기 위한 대응도 시작됐습니다. 선관위는 가짜 뉴스가 나오면 신속하게 게시물을 삭제하고 관련 자료를 제출하기로 페이스북과 협의를 마쳤다고 합니다. 19대 대선에서 선관위가 삭제한 가짜 뉴스를 비롯한 선거법 위반 게시물은 무려 4만 222건에 달합니다.

국회에서 관련 법안도 잇따라 발의됐습니다. 안호영 더불어민주당 의원, 주호영 바른정당 의원, 김관영 국민의당 의원 등이 가짜 뉴스 방지 및 처벌법을 발의했습니다. 김관영 의원의 '가짜 뉴스 청소법'을 살펴보면 "거짓의 사실을 언론 보도의 형식으로 제공해 이용자들이 오인하게 하는 정보"를 가짜 뉴스로 규정하고 있으며 이 같은 정보가 유통되는 통신망 서비스 사업자들이 거짓 정보 유통을 못 하게 하고, 발견 후 삭제하지 않으면 3,000만 원 이하의 과태료를 부과하는 내용이 담겨 있습니다.

가짜 뉴스 처벌이 위험한 이유

하지만 정부가 나서서 가짜 뉴스를 단속하고 처벌하면 부작용이 더 클수도 있다는 우려가 나옵니다. 거짓 사실을 유포하면 처벌하는 것이 당연한 것 아니냐고요?

가짜와 진짜를 구분하는 일은 사실 매우 어렵습니다. 특히, 정치인을 향해 의혹 제기를 할 때 언론은 '정황 증거'를 통해 합리적인 의심을 할 때가 많습니다. 최초 보도를 통해 모든 사실이 밝혀지는 게 아니라 보도가 나오고 다른 언론들이 경쟁을 하면서 또 새로운 사실들이 밝혀지고, 사회적으로 논란이 되면 특별 검찰이 만들어지거나 수사 기관을 통해 수사를 벌이며 '증거'가 나오는 경우가 많습니다. 우리는 이 같은 흐름을 2016년 최순실 게이트 때 목격했습니다. 최순실 게이트와 관련한 정황을 갖고 있던 TV조선과 한겨레신문의 의혹 제기 보도가 없었다면, JTBC가 국가 기밀 등 국정 전반을 최순실 씨가 관리해 왔다는 사실이 담긴 최순실 씨의 태블릿 PC를 입수할 수도 없었을 것입니다. 청와대는 태블릿 PC가 나오기 전까지는 모든 사실을 부인하고 있었습니다.

2008년 MBC PD수첩이 광우병의 위험성을 보도했을 때 정부는 미국에서도 광우병은 더 이상 발견되지 않는다며 위험성이 과장됐다고 주장했습니다. 검찰이 PD들을 체포하기도 했죠. 당시에는 '가짜 뉴스'라는 표현이 없었지만, 가짜 뉴스 취급을 한 것이죠. 하지만 2017년 7월 미국에서 다시 광우병이 발발하면서 미국이 여전히 광우병으로부터 안전하지 않다는 점이 드러나기도 했습니다.

선거 기간 동안에 이루어지는 후보자에 대한 보도도 마찬가지입니다. 19대 총선 때 인터넷 언론 '뉴스타파'가 나경원 당시 새누리당 후보 자녀의 부정 입학 논란을 보도한 적이 있습니다. 다운 증후군 장애를 가진 나경원 의원의 딸 김 모 씨가 2012학년도 이 대학 특수 교육 대상자 수시 입학 1차 면접에서 '어머니가 판사와 국회 의원을 지냈다'며 신상을 밝혀 부정 행위로 볼 수 있는 행위를 했음에도 합격했다는 내용이었습니다. 중앙선거관리위원회 산하 인터넷선거보도심의위원회는 이 보도가 사실과 다르다며 제재를 내렸습니다. 그러나 뉴스타파 입장에서는 성신여대 교수인 내부 고발자의 증언과 이를 뒷받침하는 정황이 있었기 때문에 '합리적 의혹 제기'를 한 것이었죠.

이처럼 현실에서 거짓과 진실의 경계가 모호한데도 이를 처벌하는 법안을 만들면 국민의 기본권인 표현의 자유가 침해될 우려도 있습니다. 이미 헌법

재판소는 "정보는 그 정보가 발생시키는 해악이 명확할 때만 규제될 수 있으며 그 정보가 허위란 이유만으로 금지 대상이 될 수 없다"는 결정을 2010년에 내린 바 있습니다.

해외에서는 처벌하지 않고 있냐고요? 한국의 가짜 뉴스 법안은 독일에서도 가짜 뉴스가 유통된 페이스북이나 트위터 등의 사업자가 이를 삭제하지 않으면 처벌하는 법안을 마련했다는 점을 강조하고 있습니다. 표현의 자유를 보장하는 선진국에서도 가짜 뉴스를 처벌하는데 한국도 마땅히 같은 조치를 내려야 한다는 주장에 힘이 실리는 이유입니다.

그러나 법은 사회 문화적 맥락을 고려해야 합니다. 이 법은 '가짜 뉴스'를 처벌하는 법이라기보다는 증오 발언을 처벌하는 법에 더 가깝습니다. 나치를 경험한 독일에서는 특정 집단에 대해 증오 발언을 하는 것을 법으로 금지

하고 있고 이를 처벌하고 있습니다. 페이스북이나 트위터는 독일 사업자가 아니기 때문에 이들 서비스에서 나오는 증오 발언을 처벌할 근거가 마땅치 않아서 근거를 마련한 것입니다. 또, 이 법의 맥락에는 유럽이 미국 사업자를 견제하는 측면이 있기도 합니다. 무엇보다 독일 사회에서도 이 법의 정당성을 두고 논란이 끊이지 않고 있습니다.

생각해 보기

중앙선거관리위원회는 지난 대선 기간 '가짜 뉴스를 비롯한 위법 게시물'을 4만 여건 삭제했다고 밝혔습니다. 언론은 이를 '가짜 뉴스 삭제'라고 표현하기도 합니다. 그런데 가짜 뉴스 처벌법이 도입되지도 않았는데 어떻게 가짜 뉴스를 삭제할 수 있었을까요? 이상하지 않나요? 사실 중앙선거관리위원회는 그동안에도 '선거법 위반 게시물'을 삭제해 왔는데, 19대 대선에서는 이 같은 행정 업무에 가짜 뉴스라는 이름을 새롭게 붙였습니다. 선거법 위반 게시물은 허위 사실 유포뿐 아니라 후보자 비방 등도 포함되기 때문에 이를 가짜 뉴스에 대한 삭제 건수로 보면 가짜 뉴스의 심각성이 필요 이상으로 과장되었다는 것입니다.

후보자의 문제 제기만 있으면 선관위가 무리하게 게시물의 삭제에 나선다는 점도 문제입니다. 선관위가 19대 총선 기간 '선거법 위반'을 이유로 삭제한 게시물을 미디어오늘과 시민 단체인 참여연대가 분석한 결과를 보면 황당한 것들이 적지 않습니다. 지난 총선 기간 선관위는 유승민 당시 후보의 얼굴과 내시를 합성한 이미지를 후보자의 성별을 비하했다는 이유로 삭제했습니다. 커뮤니티 MLB파크의 한 댓글은 "'우리 엄마가 나경원이야'(라고 나경원 의원의 딸이 면접 중 발언한 것) 말고도 관련된 의혹은 더 있다"고 밝혔을 뿐인데 허위 사실을 썼다는 이유로 삭제됐습니다. 결국 가짜 뉴스를 포함, 문제가 있는 정보를 삭제한다는 명분으로 정치인의 평판을 관리하기 위한 것으로 악용될 수 있다는 점을 드러냅니다.

규제 법안을 만드는 건 쉽지만 한번 잘못된 규제 법안이 만들어지면 이것을 고치는 일은 무척이나 어렵다는 점도 생각해야 합니다. 포털의 '임시 조치'가 그 대표적인 예입니다. 임시 조치는 누군가 블로그 등의 게시물을 통해 피해를 입었다고 주장할 경우 그 콘텐츠를 차단하고 일정 기간 내에 이의 제기가 없으면 삭제하는 제도입니다. 만일 사실과 다른 게시물로 인해 누군가의 명예가 훼손되는 경우, 그 피해를 막겠다는 '선의'를 통해 만들어진 것입니다. 하지만 실제로는 정치권력이나 경제권력에 대한 비판을 차단하고 삭제하는 용도로 악용되고 있다는 비판을 받습니다. 블로그에 정치인이나 기업을 비판하는 글이나, 과자 같은 제품에서 이물질이 나왔다는 글을 쓸 경우 정치인이나 기업이 사실과 다른 내용으로 피해를 입었다고 주장하기만 하면 정당한 문제 제기마저 차단당하게 된 것이죠. 이러한 임시 조치 제도를 개선해야 한다는 주장은 몇 년째 이어지고 있지만 아직 아무런 제도 변화도 이뤄지지 못했습니다. 섣부른 규제 도입에 따른 무거운 대가라고 할 수 있습니다.

간추려 보기

- 가짜 뉴스를 처벌해야 한다는 주장이 나오고 있다.
- 하지만 현실에서는 진짜와 가짜를 구분하기 힘든 경우가 많아 섣부른 처벌 도입에 따른 역효과가 더 클 수 있다.

진짜 뉴스와 가짜 뉴스를 어떻게 구분할까요?

개인적 차원에서 조금 더 신경을 쓰면 가짜 뉴스에 속지 않을 수 있습니다. 해외의 언론들은 다양한 가짜 뉴스 구분법을 제시하고 있는데, 이들은 공통적으로 해당 매체를 꼼꼼히 확인하고 기사에 등장한 근거를 따져 보는 등의 노력을 기울일 필요가 있다고 강조합니다.

해외의 언론들은 가짜 뉴스에 대한 대응책으로 가짜 뉴스와 진짜 뉴스를 구별하는 여러 가지 방법을 제시하고 있습니다. 개인적 차원의 '비판적 접근 방법'을 숙지하면 가짜 뉴스에 쉽게 속지 않을 수 있다는 것이죠. 여기에서는 해외 전문가들의 조언을 종합하면서도 이를 한국 상황에 맞게 설명하겠습니다.

1. 매체를 확인하라

BBC는 가짜 뉴스를 확인하기 위한 첫 번째 가이드라인으로 "전에 들어본 적이 있는 뉴스 제공사인가?"부터 확인하라고 조언합니다. 한국에서도 지라시뿐 아니라 언론사가 아닌 커뮤니티, 인터넷사이트 게시물에 제목을 언론사 보도처럼 붙인 가짜 뉴스가 등장하는 추세입니다. "[문재인 게이트] 문재인, 세월호 침몰과 관계 있다"는 식으로 말이죠.

미국 공영 라디오(NPR)는 더욱 구체적인 방안을 제시합니다. NPR은 "사이트 주소로 진위를 가리기 힘들다면 홈페이지의 회사 소개란이 도움이 된다"며 "이곳에는 경영진을 포함한 회사 조직에 대한 소개와 사업 목표가 제시되어 있다. 회사 규모가 크다면 연관 매체들에 대한 정보도 살펴볼 수 있다. 회사 소개가 그럴듯한 미디어 기업이 가짜 뉴스를 대서특필하는 경우는 거의 없다"고 지적합니다.

박근혜 전 대통령 탄핵 국면 때 특정 단체들이 직접 매체를 만들고 종이 신문과 같은 유인물을 유포한 적이 있는데 이들은 실제 언론사이기도 합니다. 이럴 경우에는 '제호'가 믿을 만한 것인지 '발행인'과 '편집인'이 나와 있는지 등 기본적인 사항을 점검할 필요가 있습니다. 조금 더 공을 들여 어떤 단체가 주도해 이 언론을 만들었는지, 어떤 소유 구조를 갖고 있는지 파악하는 것도 도움이 됩니다.

┃ 수많은 종류의 신문들. 실제 언론사의 수가 많은 만큼, 기사의 내용이나 성격도 천차만별이다. BBC의 가짜 뉴스를 확인하기 위한 가이드라인을 따라 기사를 주의 깊게 읽어야 한다.

2. 포털 뉴스를 검색하라

한국에서는 포털 검색을 활용하는 것도 좋은 방법입니다. 웹문서와 기사가 혼재되어 나오는 해외와 달리 한국의 포털 사이트 뉴스탭은 제휴를 맺은 언론의 기사를 그대로 보여 주기 때문입니다. 언론 보도가 무조건 사실인 건 아니지만 최소한 검증받은 매체에서 법적 책임을 지고 기사를 쓰는 것이기 때문에 가짜 뉴스를 그대로 퍼 나르는 경우는 드뭅니다. 따라서 진짜 뉴스인지 가짜 뉴스인지 구분하기 힘들다고 생각되면 실제 언론을 통해 검색을 해 보는 게 좋습니다.

미국 뉴스미디어연합의 데이비드 쉐번(David Chevern) CEO가 제시한 가짜 뉴스에 대처하는 4가지 방안에도 이런 대목이 나옵니다. "종이 신문이나 인터넷 신문을 구독하라. 전통적인 뉴스 매체들은 잘 훈련된 기자들이 기사를 취재·작성하며, 잘못된 뉴스들은 바로잡기 위해 노력하고 있다. 전통적인 언론사의 기사를 통해 정확한 정보를 얻을 필요가 있다."

3. 기자 이름을 확인하라

한국 언론은 기사를 작성한 기자의 이름과 이메일 주소가 기사 하단에 나옵니다. 이는 기사에 대한 기자의 책임감을 강조하는 장치로서 믿을 만한 기사인지 아닌지 판단하는 잣대로 쓰일 수 있습니다. 당연히 카카오톡을 통해 유포되는 가짜 뉴스는 '받은 글' 등의 이름이 달려 있고 기자나 작성자, 작성 매체의 이름을 찾아볼 수 없는 경우가 허다합니다.

대형 언론의 기사라 하더라도 '디지털뉴스팀' 등으로 얼버무려져 있다면 믿음직한 기사가 아닐 수도 있습니다. 적지 않은 언론사가 실시간 검색어에 뜨는 키워드를 바탕으로 취재 없이 간편하게 쓸 수 있는 포털 전용 기사를 쏟아내면서 종종 가짜 뉴스를 받아쓰곤 하니까요.

4. 근거 없는 주장과 출처 없는 통계는 의심하라

진짜 뉴스에는 '취재의 흔적'이 곳곳에 남아 있습니다. 보통 기사에는 복수의 취재원이 등장하기 마련입니다. NPR은 "가짜 뉴스는 근거 없이 흥미만 자극하는 이슈를 다루기 때문에 여러 취재원의 목소리를 담지 않는다"고 지적합니다.

제대로 된 뉴스라면 내용에 대한 명확한 근거도 제시되어 있습니다. BBC의 가이드라인은 "(사건이) 일어났다고 하는 곳이 지도상에서 정확히 알 수 있는 곳인가?" "주장에 대한 하나 이상의 증거가 있는가?"를 살펴보라고 조언합니다.

특히, 통계가 언급될 경우 진짜 기사에는 반드시 출처가 밝혀져 있습니다. 얼마 전 기승을 부렸던 가짜 뉴스 가운데 하나로 "2004년에 5·18 유공자의 자식들이 8, 9급 공무원 시험에서 80% 이상 싹쓸이 합격했다"는 기사가 있었습니다. 이것이 진짜 뉴스라면 '행정자치부에 따르면'이라고 출처가 나와 있는 등 통계 자료를 제공한 주체가 등장해야 합니다.

5. '악마의 편집'에 주의하라

커뮤니티나 SNS에 업로드되는 영상 자료의 경우 편집된 일부만 보여 주거나 사진을 단편적으로 보여 주는 경우가 많습니다. 영상이나 사진의 경우 '순간 포착'된 게 사실과 다르게 왜곡되는 경우가 적지 않습니다.

반기문 전 유엔 사무총장이 선친의 묘소에 성묘를 하면서 퇴주잔을 받자마자 바로 마시는 등 예법을 지키지 않았다는 논란은 '악마의 편집'에서 비롯된 것이었습니다. 원본 영상을 보면 퇴주잔을 받아 두 번 돌리고 난 다음 묘소에 뿌렸고, 이후 음복잔을 다시 받아 마셨다는 사실을 알 수 있습니다.

커뮤니티나 SNS에서 공유되는 과정에서 사실과 다른 부연 설명이 붙으면 언제든 왜곡될 가능성이 있습니다. 예를 들어 정치인 A가 B라는 사람과 찍은 사진이 있는데, 커뮤니티에서 여기에 B가 '범죄자였다' '사이비 종교의 지도자였다'고 부연 설명을 하는 경우가 종종 있습니다. 대표적 보수 논객인 지만원 씨는 5·18 때 시민들의 얼굴과 북한군의 얼굴을 대조한 이미지를 올리며 '북한군 침투설'을 제기했는데 북한군이라고 지목한 사람들은 한국에서 태어나고 한국에서 자란 광주 시민들이었습니다.

6. 지나치게 반갑고 기쁜 기사는 의심하라

CNN의 가짜 뉴스 구별법에는 "지나치게 반갑고 믿을 수 없이 기쁜 기사는 일단 의심하라"는 대목이 있습니다. 가짜 뉴스에는 특정 정치 세력에게 일방적으로 유리한 내용이 많습니다. 상대당 후보나 상대 진영의 비리를 폭로하는 식으로 말이죠. 그렇다면 반대 후보의 지지자들은 이런 뉴스에 열광하게 됩니다. "그럴 줄 알았어. 이 후보는 안 돼"라는 코멘트와 함께 공유하기 쉬운 것이죠. 뉴스를 보고 들뜨게 된다면 다시 한 번 꼼꼼히 살펴볼 필요가 있습니다.

▌ 가짜 뉴스와 진짜 뉴스를 구별하기 힘들다는 점을 풍자한 카툰. 신문을 읽고 있는 남자 옆에서 노트북을 보고 있던 여자가 "당신은 가짜 뉴스를 어떻게 알아보지요?"라고 묻고 있다.

7. 가짜 뉴스에 속았다면 후속 조치를 취하라

여러분이 공유한 뉴스가 가짜 뉴스였거나 사실과 다른 보도였다는 것을 알게 되면 어떻게 하는 것이 좋을까요? 보통은 아무 일도 없었던 것처럼 글을 지우고 말지만 미국 뉴스미디어연합의 데이비드 쉬번 CEO는 "가짜 뉴스를 공유했다면 이 사실을 적극 알리라"고 조언합니다. 만약 가짜 뉴스를 페이스북 같은 SNS에 공유하거나 퍼뜨렸다면, 공유한 포스팅을 지우거나 기사가 잘못됐다는 내용의 포스팅을 다시 올려 잘못된 소식이 확산되는 걸 조금이라도 막아야 한다는 것이죠. 이와 동시에 '신고란'을 통해 신고하는 조치도 필요합니다.

8. 기사 발행 날짜를 확인하라

CNN의 가짜 뉴스 구별법에 따르면 "과거의 팩트가 현재의 맥락에서는 가짜 뉴스가 될 수 있으므로 기사 발행 날짜를 확인하라"는 대목이 나옵니다. 한국에서도 '시간차'를 두고 가짜 뉴스가 유포되는 경우가 종종 있습니다. 예를 들어 A라는 정치인이 10년 전 '유죄 판결'을 받은 적이 있는데, 현재 시점에서 이 기사가 공유되면 사람들은 제목만 보고 바로 그 시점에 '유죄 판결'을 받은 것이라고 오해하기 쉽습니다. 문재인 정부는 2017년 광복절 연휴를 지정하지 않았는데 2015년 광복절 연휴 지정 때의 기사가 다시 공유되면서 많은 사람들이 속기도 했죠.

간추려 보기

- 가짜 뉴스에 속지 않기 위해서는 개인적 차원의 노력이 필요하다.
- 몇 가지 정보만 꼼꼼히 체크해도 가짜 뉴스에 속지 않을 수 있다.

가짜 뉴스에는 어떻게
대응해야 할까요?

가짜 뉴스에 대한 사회적 대응 방안으로 팩트 체크와 미디어 리터러시 교육이 거론되고 있습니다. 팩트 체크는 국내외에서 이뤄지고 있는 의미 있는 시도지만 왜곡될 가능성도 있습니다. 그리고 미디어 리터러시 교육은 선진국과 한국의 격차가 아직 큰 실정입니다.

앞에서는 가짜 뉴스에 대한 개인적 대응 방안을 살펴 보았습니다. 이번에는 사회적인 차원의 대응 방안을 살펴보겠습니다. 한국에서도 최근 주목을 받고 있는 **팩트 체크와 미디어 리터러시** 교육입니다. 두 가지 대안이 해외와 국내에서 어떤 식으로 실행되고 있을까요.

대응1: 팩트 체크

팩트 체크의 부상

"뉴스 유통에 책임감을 느낀다." 2016년 12월 21일 페이스북 라이브 방송 중 마크 저커버그는 이같이 말하며 가짜 뉴스에 대한 대응 방안을 마련하기 시작했습니다. 이후 '저널리즘 프로젝트'를 제시하며 미국 언론과 함께 뉴스 생태계를 고민하고 개선하겠다고 밝혔습니다. 구글 역시 알고리즘 개선과 함께 가짜 뉴스를 구분하고 배제하는 시스템을 마련하려고 고심 중입니다.

고심의 결과 이들 기업은 언론과 함께 팩트 체크 서비스를 시작했습니다.

팩트 체크는 사실을 확인한다는 의미로 이미 보도되었거나 가짜 뉴스를 통해 언급된 내용의 사실 관계를 검증하는 작업입니다. 언론은 사실을 확인하고 현장을 취재하는 게 일상 작업이기 때문에 가짜 뉴스의 논리를 반박하면서 동시에 언론의 차별성을 드러내는 전략이라고도 할 수 있습니다.

페이스북은 우선 독일의 대안 언론 코렉티브(Correctiv)와 손을 잡았습니다. 논란이 되는 뉴스가 있으면 코렉티브가 검증을 하고 논란의 여지가 있으면

페이스북의 검증 예시 화면. 논란이 되는 뉴스를 코렉티브가 검증하고 'disputed(논란의 여지가 있다)'라는 문구를 삽입했다.

'disputed(논란의 여지가 있다)'라는 문구를 표시하는 방식입니다.

프랑스에서는 구글이 주도하는 언론사 팩트 체크 프로젝트인 '크로스체

크(crosscheck)'가 출범했습니다. 르몽드, 리베라시옹, AFP를 비롯한 프랑스 주요 언론사들과 구글이 힘을 합쳐 사실을 검증하고 팩트 체크 결과는 구글이 검색 알고리즘에 반영하는 방식입니다.

한국의 팩트 체크

한국에서도 19대 대선을 앞두고 서울대 언론정보연구소가 네이버를 비롯한 주요 언론과 함께 'SNU 팩트 체크' 프로젝트를 시작했습니다. 이 프로젝트에는 KBS, MBC, SBS, JTBC, YTN, MBN, 조선일보, 중앙일보, 동아일보, 한국일보, 서울신문, 매일경제 등 12개 언론사가 참여했습니다.

구성 방식만 보면 프랑스의 크로스체크와 한국의 SNU 팩트 체크는 서로 유사해 보이지만 여기에는 결정적인 차이가 있습니다. 크로스체크는 반드시 복수의 언론사 소속 기자가 참여해 사실 관계를 따지고 토론하는 과정을 거칩니다. 여기에서 결론을 내지 못하면 결과를 공개하지 않습니다. 반면 SNU 팩트 체크는 개별 언론사가 각자 팩트 체크를 한 결과값을 비교하는 정도에 그칩니다. 그래서 언론사마다 상이한 결과가 나오는 경우도 있습니다.

집중탐구 팩트 체크

'팩트 체크'는 가짜 뉴스에 맞서는 유용한 기법이지만 만능은 아닙니다. '팩트 체크' 자체가 갖는 한계도 분명히 있습니다. 가장 큰 문제는 '속도가 느리다'는 사실입니다. 가짜 뉴스나 악의적인 보도가 SNS나 메신저를 타고 확산되는 속도는 매우 빠릅니다. 그러나 팩트 체크는 논란이 된 이후에야 시작을 하고 취재를 거쳐 발표를 하게 됩니다. 그러다 보면 이미 가짜 뉴스를 사람들이 믿게 된 이후이기 때문에 가짜 뉴스만큼 효과를 발휘하기 힘든 구조입니다.

'팩트 체크'를 하기 어려운 사안도 있습니다. 의혹이 불거지더라도 '사실'과 '거짓'으로 단정하기 힘든 경우가 적지 않기 때문이지요. 앞서 예로 들었던 나경원 의원 자녀의 대입 비리 의혹처럼 관계자의 진술과 여러 정황만을 종합해 합리적인 의심을 내놓은 보도라면 진위 여부를 가리기 쉽지 않습니다. SNU 팩트 체크 세미나 자리에서 이준웅 서울대 교수는 "TV를 보면 (시청자가) 멍청해진다는 주장을 언론학자들이 20년 동안 연구했지만 결론이 나지 않았다"면서 "사실 확인이라는 것 자체가 일목요연하게 쉽게 이뤄지는 게 아니다"라고 지적하기도 했습니다.

언론의 정파성이 심한 한국의 경우 언론에 따라 '누구를 팩트 체크할지' 결정하는 데에서도 차이가 납니다. 19대 대선 때 SNU 팩트 체크 결과를 보면 진보적인 성향의 신문은 홍준표 후보의 발언을 가장 많이 검증한 반면 보수 성향의 신문은 문재인 후보의 발언을 가장 많이 검증한 것으로 나타났습니다. 누구를 거짓말쟁이로 만들지 언론이 결정할 수 있다는 점을 드러냅니다.

누가 어느 후보의 발언을 검증하느냐에 따라 전혀 다른 기사가 나오기도 합니다. 19대·대선 때 SBS와 JTBC는 "김대중, 노무현 정부 때 70억 달러를 북에 줬다"는 홍준표 후보의 문제 제기를 검증해 '거짓'이라고 결론을 냈습니다. 반면 조선일보는 21일 "'북에 준 돈, 이명박·박근혜 정부 때 더 많았다'는 문의 주장은…"이라는 기사를 통해 홍 후보의 문제 제기에 문재인 후보가 "오히려 이명박·박근혜 정부 때 준 돈이 더 많다"며 반박한 발언을 검증했고 이 발언이 '거짓'이라고 판단했습니다.

특히 주의해야 할 것은 통계입니다. 통계의 경우 '대상'과 '기간'을 어떻게 설정하느냐에 따라 상반된 결과가 나오기도 하기 때문이죠. 홍준표 후보가 "김대중 정권 시절에 북에 넘어간 돈이 현물과 달러 등 22억 달러, 노무현 대통령 시절에 현물하고 현금하고 넘어간 게 44억 달러"라고 주장했습니다.

언론 보도를 종합하면 홍 후보의 주장은 '사실'이자 '거짓'이라는 이상한 결과가 나옵니다. JTBC는 최초 검증 때 통일부의 2010년 자료를 근거로 홍준표 후보의 주장을 '거짓'이라고 판단했습니다. "김대중 정부 때는 약 16억 3,000만 달러, 노무현 정부 때는 약 23억 3,000만 달러"라며 "홍 후보가 언급한 22억 달러와 44억 달러는 부풀려진 수치"라는 결론이었지요.

그런데 이후 조선일보와 한국일보는 홍준표 후보의 발언이 '사실'이라고 보도했습니다. 그 근거는 통일부가 JTBC 보도 직후 발표한 자료인데, 이 자료에 따르면 "김대중 정부 시절 24억 7,065만 달러, 노무현 정부 시절 43억 5,632만 달러"로 되어 있어 홍 후보의 주장을 뒷받침하고 있습니다.

JTBC는 통일부가 2010년 발표한 자료를 바탕으로 '팩트 체크'를 했지만, 통일부는 토론 다음 날인 20일 다른 수치를 내놓았고, 언론이 이를 바탕으로 다시 '팩트 체크'하면서 혼선이 빚어진 것입니다.

대응2: 미디어 리터러시 교육

해외의 미디어 리터러시 교육

사람들이 가짜 뉴스와 허위 정보에 속지 않도록 하기 위해서는 교육을 실시할 필요성도 있습니다. 한국에서는 생소한 표현이지만 해외에서는 '미디어 리터러시' 교육이 활성화돼 있습니다. 미디어 리터러시는 미디어에서 다루는 정치 사회 현상을 이해하고, 문제가 있는 내용은 비판적으로 받아들이며, 또 적극적으로 활용할 수 있도록 하는 교육을 말합니다. 최근 가짜 뉴스 논란이 불거지면서 국내에서도 '미디어 리터러시' 교육을 강화해야 한다는 주장에 힘이 실리고 있습니다.

미디어 리터러시 교육을 하는 국가 중 가장 주목받는 국가는 프랑스입니다. 프랑스의 미디어 교육은 '미디어 속 내용 비판적 읽기'와 '미디어 제작 참여를 통한 정치 사회 현상 및 미디어의 구조 이해' 이 두 가지에 중점을 둡니다.

프랑스의 미디어 교육은 국립미디어교육센터인 **클레미**(CLEMI)를 중심으로 체계적으로 이뤄지고 있습니다. 클레미는 프랑스 교육문화부 산하의 미디어 교육 기관으로 1983년 설립됐습니다. 미디어 교사의 양성부터 교육 프로그램 제작, 미디어 교육 활성화를 위한 '언론 주간'과 같은 전국적인 행사까지 모두 클레미가 담당합니다.

클레미는 전문적인 미디어 교사를 양성합니다. 미디어 교사가 되려면 일반 교사와 마찬가지로 5년간의 교육 과정을 거쳐야 합니다. 준비 교육 2년을 받은 다음 시험을 치르고 이후 추가로 3년 과정을 더 거칩니다. 이들은 일반 교과목의 교사와 함께 수업에 들어가 함께 수업을 진행하기도 합니다. 역사 수업에서 제1차 세계 대전을 배운다면 당시의 다양한 기사를 찾아보고 토론을 합니다. 수학 수업의 경우에는 기사의 그래픽이나 수치를 보고 수학이 어떤 과정을 거쳐 기사가 되는지를 살펴보는 식입니다.

┃ 프랑스의 미디어 교육을 맡고 있는 국립미디어교육센터, '클레미'의 로고.

한국언론진흥재단이 발행하는 계간지 '미디어 리터러시' 창간호에 따르면 클레미와 언론사가 공동 주최하는 2017년 '언론 주간' 행사에 참가한 학교는 1만 7천 개에 달했다고 합니다. 왜 이렇게 관심이 뜨거웠을까요? 음모론이나 가짜 뉴스 등의 확산으로 평소보다 열 배 이상 관심이 는 것이지요. 이 행사에서 클레미는 교사들에게 정보의 출처, 정보 광고 선전의 구분, 팩트 체크,

미디어 집중 현상 등 5개 주제에 관한 교육 자료를 배포했습니다. 뉴스가 어떻게 만들어지는지 이해하고 정보원의 신빙성에 문제 제기를 할 수 있도록 하는 게 주요 목적이라고 합니다. 언론 주간에 참여한 프랑스 언론 르몽드는 '디지털 뉴스 읽기 매뉴얼'을 통해 SNS에서 접한 정보를 공유하기 전 정보의 진위를 확인하는 방법, 신뢰할 만한 사이트인지 판단하는 방법, SNS 루머 검증 방법, 여론 조사 읽는 방법, 음모론을 제기하는 영상을 탐지하는 방법 등을 제공했다고 합니다.

집중탐구 프랑스의 나의 일간지

프랑스는 민간 영역의 미디어 교육도 활성화돼 있습니다. 프랑스의 교육 출판사 플레이백(Play Bac)은 연령별 맞춤 신문을 만들어 어린이와 청소년들에게 정치 사회에 대한 관심을 높여 주기 위한 미디어 교육을 하고 있습니다. 이 신문은 6세에서 10세 어린이들을 대상으로 한 프티코티디앵(Petit Quotidien, 작은 일간지), 10세에서 14세 어린이들을 대상으로 한 몽코티디앵(Mon Quotidien, 나의 일간지), 14세에서 17세 청소년들을 대상으로 한 락튀(L'Actu 헤드라인 뉴스)로 세분화하여 발행하는 점이 특징입니다.

어린이 신문이라면 내용이 유치할 것 같지만 이들 신문은 내용이 전혀 가볍지 않습니다. 프랑수아 편집장은 "우리는 아이들이 관심 있어 하는 주제를 다루지만, 동시에 모든 주제를 다룬다. 아이들이 보는 '진짜' 신문이기 때문이다. 구독자가 어린이나 청소년이라고 해서 '전쟁에는 죽음이 없다'고 말할 수는 없지 않은가? 리얼리티를 외면할 수 없다"고 밝혔습니다.

'나의 일간지'는 가짜 뉴스 문제에 대해 시사하는 바가 적지 않습니다. 가짜 뉴스에 속지 않으려면 정치 사회 현안에 대한 관심이 필요한데, '나의 일간지'가 독자들이 이에 관심을 갖도록 세대별로 맞는 신문을 제작하면서 현안에 대한 이해를 돕고 있는 것입니다.

'나의 **일간지**'는 2015년 파리 연쇄 테러 직후 프랑스 파리 테러에 대한 해설 기사를 선보였습니다. 이 기사는 쉬운 어휘로 쓰였고, 문답식으로 구성됐습니다. 사건의 맥락을 이해할 수 있는 배경 설명도 들어 있습니다. 문답은 왜 그들은 우리를 공격했는가, 왜 하필 그곳(콘서트장, 식당, 경기장)을 노렸나, 종교적인 이유가 있나, 학교가 위험하지 않나 등입니다. 프랑스 중심의 시각으로 쓰이기도 했지만 프랑스의 시리아 침공이 사건의 발단이라는 점도 언급돼 있습니다. 프랑스 학부모들은 페이스북의 댓글을 통해 "이번 비극에 대해 아이들이 이해할 수 있게 됐다" "월요일이 되면 학생들에게 보여 주겠다" 등의 반응을 보였습니다.

핀란드도 미디어 리터러시의 선진국으로 손꼽힙니다. 핀란드의 미디어 교육은 정부 기관인 국립시청각센터(Kansallinen Audiovisuaalnen instituutti)와 시민 단체인 핀란드 미디어교육협회(Finnish Society on Media Education)라는 두 축을 중심으로 이루어집니다. 이들 기관은 미디어 교육 전반의 목표를 설정하고 다양한 교육법을 학교와 공공 도서관, 사회적인 미디어 교육 기관과 공유해 전체 미디어 교육이 하나의 체계 속에서 굴러가도록 하는 역할을 합니다.

티쿠릴라 고등학교에서는 페이크 다큐를 보여 주고 문제점 알아보기, 인종 차별적 내용이 들어가거나 사실과 다른 기사를 보여 주며 문제점 토론하기 등의 교육을 실시하고 있습니다. 학교는 학생들이 접하는 수많은 콘텐츠를 보기 전에 속고 속이는 게 얼마나 쉬운지 직접 경험하게 하는 차원에서

이 같은 교육을 하고 있습니다.

지역마다 위치한 청소년 센터도 중요한 사회 미디어 교육 장소입니다. 5~29세라면 핀란드인은 물론 외국인도 무료로 문화·미디어 교육을 받을 수 있습니다. 대표적인 청소년 센터는 헬싱키시에 위치한 하피청소년센터(Youth centre Happi)입니다. 이 센터에는 신문, 방송, 음악, 라디오, 사진 등 장르별로 별도의 제작 공간이 마련돼 있어 직접 다양한 콘텐츠를 제작하며 미디어에 대한 이해도를 높일 수 있습니다. 또, 이 센터를 매개로 핀란드에서 가장 큰 일간지인 헬싱키신문과 연계해 청소년들은 직접 기사를 쓸 수도 있습니다. 기사를 직접 쓰게 되면 기사가 어떠한 원리로 만들어지는지 쉽게 알게 됩니다.

'Play Bac'의 언론 사이트. 종류별로 일간지가 나열되어 있고, 각 일간지에서 다루는 토론 주제가 소개되어 있다.

▌ YLE(윌레)의 뉴스 해설 앱 '트리플렛(Triplet)'
모바일 사이트 화면.

언론과 기업도 자발적으로 미디어 교육에 나섭니다. 핀란드 공영 방송 YLE(윌레), 헬싱키신문(Helsingin sanomat), 스타트업 기업들이 함께 만든 뉴스 해설 앱 '트리플렛(Triplet)'을 통해 매일 저녁 YLE(윌레)의 메인 뉴스를 학생들의 연령에 따라 다르게 제공하고, 실제 교사가 뉴스와 관련된 질문을 학생들에게 던지는 방식으로 미디어 교육을 합니다.

미국은 미디어 리터러시 교육이 세계에서 가장 먼저 시작된 나라입니다. 대표적인 기관은 스토니브룩대학이 운영하는 '뉴스리터러시센터'입니다. 이 센터에서는 대학생을 대상으로 미디어를 비판적으로 보기 위한 강의를 하고 있으며 초·중·고 교사를 대상으로는 여름마다 미디어 리터러시 관련 교육을 실시하고 있습니다. 교육 내용은 진실과 입증, 신문 뉴스 분해하기, 소셜 미디어 분해하기, 뉴스의 미래 등으로 나뉩니다. 해외 국가들과 파트너십 프로그램을 맺고 미디어 리터러시 교육의 방식과 성과를 공유합니다.

미국 뉴멕시코주에서는 일찌감치 미디어 리터러시를 정규 교과에 포함했습니다. 최근 가짜 뉴스 논란 이후 다른 주에서도 미디어 리터러시 교육을 주 정부 차원에서 강화하는 움직임이 이어지고 있습니다. 워싱턴주에서는 2017년 4월 미디어 리터러시, 디지털 시민 의식, 인터넷 안전에 관한 교육을 강화하는 법안을 통과시켰고 펜실베이니아주에서는 전체 학생을 대상으로 학년에 맞는 미디어 리터러시 교육을 종합적으로 도입하는 법안이 발의됐습니다.

캐나다는 세계 최초로 미디어 리터러시를 정규 교육 과정에 도입한 나라입니다. 캐나다 온타리오주 교육부는 1989년부터 미디어 리터러시 교육을 위한 교재를 개발하여 수업을 해 왔습니다. 교육 내용 중에는 '비판적 사고를 위한 체크리스트'를 통해 가짜 뉴스나 문제가 있는 뉴스에 대한 대응법도 포함되어 있습니다. 여기에는 '입증할 수 있는 사실과 가치 주장을 구분한다' '주장이나 취재원의 타당성을 확인한다' '논리적으로 일관성이 있는지 여부를 확인한다' 등의 내용이 들어 있습니다. 또, 미디어가 정치 경제적으로 어떤 의미가 있으며 어떤 영향을 미치는지 등에 대해서도 교육합니다.

한국의 미디어 리터러시 교육

한국에서도 방송통신위원회 산하 시청자미디어재단과 문화체육관광부 산하 한국언론진흥재단을 중심으로 미디어 리터러시 교육이 추진되고 있습니다.

시청자미디어재단의 미디어 교육은 방송 체험이 중심입니다. 각 지역 센터에서는 자유 학기제를 맞아 일선 학교에 직접 찾아가 미디어 교육을 하고 있습니다. '애니메이션 제작 및 편집', '영상 제작', '스마트폰의 활용을 통한 영상 제작', '청소년 뉴스 제작' 등이 그것입니다.

"다음은 MBC 다큐멘터리 '남극의 눈물'의 한 장면입니다. 신문에서 지구 온난화의 원인과 해결 방안에 대한 기사를 찾아 읽어 보고 제시된 문제에 대해 생각해 봅시다." 언론진흥재단의 신문 활용 교육 교재인 '신문과 생활'의 한 과제입니다. 언론재단은 예전부터 신문 활용 교육을 실시해 왔는데 최근에는 자유 학기제의 선택 과목으로 채택되기도 했습니다.

언론재단에서는 신문 지면이 어떻게 구성되는지, 의견과 사실은 어떻게 구분하는지, 광고는 무엇이고 어떤 역할을 하는지, 다양한 교과에서 신문을

▌신문 활용 교육(NIE). 신문을 교재로 활용하는 교육이다. 신문 기사의 내용과 신문 구성의 다양함을 바탕으로 학습을 추구하는 교육 형태다.

어떻게 활용할 수 있는지에 대해 중점적으로 교육합니다. 언론재단과 신문사들이 1990년대부터 해 온 NIE(신문 활용 교육)를 발전시킨 것입니다.

한국은 미디어로 인한 폐해가 매우 큰 나라지만 정작 미디어 리터러시 교육은 아직 아쉬운 점이 많습니다. 방송 체험 교육이나 신문 활용 교육에는 정작 실제로 존재하는 미디어에 대한 직접적이고 비판적인 이해는 빠져 있다는 점이 한계입니다. 언론재단의 교재에는 '신문으로 깊고 넓게 보기'라는 단원이 있고 거기에는 신문을 사회 현안과 연관해서 생각해 보는 과제가 있지만 '안락사'나 '지구 온난화' 같은 문제는 다루지만 정치 사회의 쟁점은 다루지 않습니다. 또, 광고를 다루면서 언론사가 겪는 광고주의 압박과 편집권 분쟁 문제 같은 것은 언급하지 않습니다.

언론재단은 최근 들어 뉴스를 비판적으로 바라보는 내용뿐 아니라 뉴스를 정치 사회 현안과 연계하여 생각해 보는 방식으로 미디어 교육의 개편을

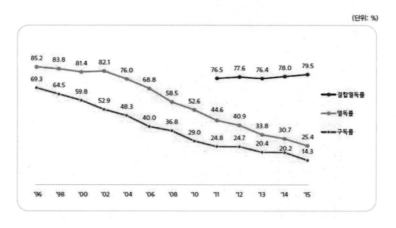

(단위: %)

┃ 종이 신문의 열독률과 구독률 변화. 종이 신문을 읽는 독자가 갈수록 적어지고 있음을 보여
주는 통계 자료이다.

추진하고 있습니다. 대표적으로 수익 구조 유형이 서로 다른 언론사들의 보도 내용 분석하기, 주어진 뉴스 중 가장 좋은 뉴스와 가장 좋지 않은 뉴스 뽑고 이유 말하기, 탐사 보도 기사 소개하기, 어뷰징 기사 찾아보고 포털 실시간 검색어 기능 필요성 토론하기, 종이 신문과 언론사 닷컴 뉴스 비교, 포털과 모바일 중심의 가벼운 뉴스 소비가 가져오는 문제점에 대해 생각하기 등입니다. 가짜 뉴스 논란 이후에는 가짜 뉴스를 구분하는 방식의 교육도 추진하고 있습니다.

이 같은 시안이 교재로 만들어지고, 교육 과정에 채택되어 적극적으로 교육이 시행된다면 이상적이겠지만 극복해야 할 난관이 적지 않습니다. 가장 큰 문제는 한국 교육의 현실입니다. 미디어 리터러시 선진국들은 대부분 '시민 의식'을 교육하고 토론 수업이 활성화돼 있습니다. 반면 한국에서는 수업 때 정치 사회 현안에 대한 견해를 이야기하거나 언론에 대한 문제 제기를 하는 건 쉽지 않습니다. 이처럼 차이가 아직 큽니다. 토양이 서로 다른 상황에서 교육법만 그대로 들여온다고 해서 제대로 된 미디어 교육으로 이어질 가능성은 높지 않을 겁니다.

신문과 방송 미디어 교육이 별개로 시행되는 현재 상황에서 벗어나 통합적인 교육을 실시할 필요성이 있지만 진전이 더딥니다. 현재는 두 기관이 완전히 별개로 교육하고 있고, 미디어 교사 양성 시스템도 판이합니다. 19대 국회에서 미디어교육지원법안이 여야에서 발의됐지만 방통위와 언론재단 중 어느 기관이 컨트롤 타워의 역할을 하는 것이 좋을지 부처 간, 여야 간 이견이 있어 사실상 논의가 중단된 상황입니다.

주된 교육 대상자인 10대와 20대가 올드 미디어를 보지 않는다는 점에서 뉴미디어를 중심으로 한 교육으로 대폭 개선될 필요성도 있습니다. 한 기자가 초등학생 대상 특강에서 "여러분이 알고 있는 언론사 이름을 말해 보세요"라는 질문을 던진 적이 있습니다. 인터넷 연예 매체인 '디스패치'라는 답이 가장 먼저 나왔다고 합니다. KBS 같은 방송사나 조선일보, 한겨레신문 같은 종합 일간지를 보지 않는 세대에게 신문이나 방송을 중심으로 교육하는 현재의 방식은 한계가 분명합니다.

간추려 보기

- 가짜 뉴스에 대한 제도적인 대안으로 팩트 체크와 미디어 리터러시 교육이 대두하고 있다.
- 언론의 팩트 체크를 통해 가짜 뉴스를 가려낼 수는 있지만 팩트 체크 결과가 왜곡됐을 가능성도 있다.
- 미디어 리터러시 교육은 정치 사회에 대한 관심 제고와 시민 의식 교육이 병행돼야 효과를 거둘 수 있다.

언론의 역할은 무엇일까요?

한국에서는 오랜 기간 '나쁜 뉴스'가 가짜 뉴스 못지않은 사회적 문제였던 탓에 언론에 대한 신뢰도가 매우 낮습니다. 이 때문에 가짜 뉴스 문제에 대한 대책 역시 언론의 신뢰 회복으로부터 시작해야 한다는 지적이 나오고 있습니다.

사람들이 가짜 뉴스를 믿는다는 건 달리 말하면 진짜 뉴스를 불신한다는 의미이기도 합니다.

영화 '택시 운전사'를 보면 1980년 5월 광주 시민들이 광주 MBC를 불태우는 이야기가 나옵니다. 언론이 신군부의 학살에 대해서는 입을 다물고 거꾸로 시민들을 폭도처럼 묘사한 데 대한 시민들의 분노 때문에 일어난 사건이었습니다. 당시 언론에 대한 신뢰가 바닥으로 떨어졌던 일을 묘사한 것이죠. 그때의 언론과 지금의 언론은 과연 다르다고 할 수 있을까요?

가짜 뉴스 현상을 부추긴 나쁜 뉴스

과거 독재 권력에 의해 통제됐던 언론의 현실보다는 나아졌지만 현재도 여러 방식으로 언론이 '제대로 된 뉴스'를 내보내지 못하는 것이 현실입니다. 정부의 입김이 닿는 KBS, MBC, YTN, 연합뉴스와 같은 언론사는 대통령이 사실상 사장을 임명하고 정부에 불편한 보도를 못 하게 막는 경우가 있습니다. 2016년 김시곤 전 KBS 보도국장은 녹취록을 공개해 청와대 수석이 KBS 보도국장에게 직접 전화를 걸어 세월호 참사 때 제대로 대처하지 못한 해경

을 비판하는 뉴스를 내보내지 말라고 말한 사실을 밝히기도 했습니다.

경제 권력에 의한 언론 통제도 무시할 수 없습니다. 최순실 게이트 수사의 일환으로 알려진 장충기 전 삼성 미래전략실 사장의 문자 메시지에는 충격적인 내용이 많습니다. 한 언론사 간부는 문자 메시지로 삼성의 지원을 요청하며 "좋은 기사로 보답하겠다"고 밝힙니다. 전현직 언론사 간부들이 자신과 자녀의 인사 청탁을 하는 내용도 담겨 있습니다. 언론사가 비판해야 할 대상인 재벌 그룹과 비판은커녕 거래를 한 정황이 나타난 것이죠. 그런데도 이들 언론에 실린 재벌에 대한 기사를 믿을 수 있을까요?

사람들이 가짜 뉴스를 믿으면서 정작 진짜 뉴스를 외면하는 이유 역시 여기서 찾을 수 있습니다. 한국언론진흥재단이 영국 로이터저널리즘연구소와 함께 발표한 '디지털 뉴스 리포트 2017' 보고서 내용은 충격적입니다. 뉴스를 신뢰한다는 응답 비율 순위에서 핀란드가 62%로 1위를 차지했고, 브라질 (60%), 포르투갈(58%) 등이 그 뒤를 이었습니다. 한국은 23%로 나타나 그리스와 더불어 조사 대상 국가 36곳 중 뉴스 신뢰도 최하위를 기록했습니다.

뉴스의 형태를 띠지도 않은 카카오톡 지라시가 한국에서는 막강한 영향력을 행사하는 것 역시 언론에 대한 신뢰도가 낮기 때문에 외국처럼 굳이 언론을 흉내 낼 필요가 없기 때문이라는 분석이 있습니다. 한국의 국민들은 과거 독재 권력에 의해 통제당했고 현재도 정치 권력이나 경제 권력으로부터 완전히 자유롭지 않은 언론의 모습을 지속적으로 목격하고 있습니다. 그렇기 때문에 언론 보도 중 본인의 신념이나 가치관과 반하는 내용이라면 쉽게 '조작' 가능성을 제기하고 반면 음모론에 가까운 가짜 뉴스를 더욱 신뢰하는 현상이 나타나고 있는 것이죠. 가짜 뉴스를 믿는 사람들을 손가락질할 게 아니라 가짜 뉴스 못지않은 나쁜 뉴스를 만들어 온 한국 언론 스스로 반성이 필요한 대목입니다.

몇 가지 잘못된 관행도 개선돼야 합니다. 대표적인 게 특정 주장이 담긴 기사를 싣게 되면 이에 대한 반론을 싣고 둘을 같은 비중으로 처리하는 '기계적 중립 기사'입니다. 여당의 입장과 야당의 입장, 진보 단체의 입장과 보수 단체의 입장을 반반씩 기사에 담는 것이죠.

그러나 이 같은 보도는 '또 다른 왜곡'이라는 비판을 받습니다. 연합뉴스 노조가 2017년 공개한 자료에 따르면 지난해 최순실 게이트 당시 국정 개입과 관련, "검찰 수사를 받겠다"는 박근혜 전 대통령의 대국민 담화에 대한 시민 반응을 한 기자가 취재한 적이 있습니다. 이 기자는 "시민들은 '싸늘'"이라고 제목을 붙였습니다. 그런데 이 기사를 검토한 간부는 "시민·민간 단체 평가 엇갈려"로 제목을 바꿨습니다. 당연히 싸늘한 시민도 있고 그렇지 않은 시민도 있었겠지만 당시 여론을 보면 싸늘한 반응이 더욱 높았음에도 마치 양쪽 여론이 반반인 것처럼 왜곡하는 효과를 노린 것으로 보입니다.

이런 폐해가 있기 때문에 사실 관계를 분명하게 밝히는 저널리즘의 중요성이 대두되고 있습니다. 이는 한국만의 고민은 아닙니다. 캐시 패커(Cathy Packer) 미국 노스캐롤라이나대학 미디어언론학부 교수는 2017년 7월 방한한 자리에서 "미국의 많은 언론이 '객관주의적 보도'라며 한쪽 입장과 반대되는 입장을 나열하는 식의 보도를 해 왔는데, 언론이 기사를 통해 스스로의 판단을 드러내는 방식도 '가짜 뉴스'에 대한 대응 방안이 될 수 있다"고 말했습니다.

수용자와 따로 노는 뉴스

미국에서는 주류 언론들이 트럼프 후보의 발언이 사실이 아니라는 점을 지적하고 그의 공약이 갖는 문제점을 집중적으로 비판했습니다. 그런데 이들 언론의 보도는 별다른 효과를 거두지 못했습니다. 왜일까요? 가짜 뉴스가 유포되지 않는 엉뚱한 곳에서 싸운 게 비효율적이었다는 지적이 나옵니다. 미국에서 가짜 뉴스를 연구해 온 미국언론연구소(API)의 제인 엘리자베스 선임 연구원은 "잘못된 정보를 반박하는 기사를 여러 차례 썼는데도 소셜 미디어에서는 잘못된 정보가 계속해서 퍼져 나갔다. 기자들이 팩트 체크를 한 기사를 신문이나 인터넷 사이트 게재용으로만 썼다는 점이 문제였다.

생각해 보기

한국의 언론은 해외에 비해 품질이 떨어질까요? 2017년 '좋은저널리즘연구회'가 종합 일간지 10곳의 1면 기사 품질을 해외 언론과 비교한 결과를 공개했습니다. 뉴욕타임스는 기사에 본인의 이름과 직책을 공개하는 실명 취재원이 8.4명에 달한 반면 국내 10개 일간지는 2.6명에 그쳤습니다. 기사에 익명 취재원만 등장하는 기사 수는 국내 일간지의 경우 6.9%로 나타났지만 뉴욕타임스, 더타임스, 아사히신문에는 1건도 없었습니다. 특히, 한국에서는 북한 관련 보도에서 확인이 불가능한 대북 소식통 등 익명 취재원의 발언만 인용해 기사를 작성한 경우가 많았고 이들 중에는 사실과 다른 말을 한 것으로 밝혀진 경우도 있었습니다. 실명을 밝히지 않는 취재원이라면 그의 말을 신뢰하기도 어렵고 정치적인 목적을 갖고 의도적으로 허위 사실을 말해도 언론이 쉽게 이용당할 수 있습니다.

기사가 검증 없이 특정인의 주장을 직접 인용해 제목에 담는 비율은 국내 10개 일간지에서 59%로 높게 나타났지만 해외에서는 뉴욕타임스 3%, 더타임스 0%, 아사히신문 14%에 불과했습니다. 한국 언론의 경우 사실 확인이 되지 않은 발언을 제목에 담으면서 검증 없이 보도를 하여 사실 관계가 왜곡될 위험성이 있습니다.

뉴욕타임스는 기사에 등장하는 이해 당사자가 평균 7.7명으로 나타났지만 국내 10개 일간지는 3분의 1에 불과한 2.6명으로 나타나기도 했습니다. 뉴욕타임스의 복합적 관점을 담은 기사 비율 역시 58.3%로 한국 10개 일간지(17.1%)와는 격차가 컸습니다.

물론, 국가마다 기사를 작성하는 스타일이 다르고 기사 내용에 대한 평가는 없었다는 점에서 이 조사 결과를 언론의 품질을 체크하는 절대적인 지표로 활용하기에는 한계가 있습니다. 하지만 분명한 건 익명의 취재원을 남발하고 사실을 검증하지 않는 한국 언론의 기사 작성 방식은 가짜 뉴스를 생산할 위험성이 높다는 점입니다.

가짜 뉴스 무대인 SNS가 아닌 곳에서 싸운 것"이라고 지적했습니다.

즉, 신문, 방송 중심인 기존의 언론 체계로는 SNS 중심으로 가짜 뉴스가 유포되는 환경에 대응을 제대로 못 한다는 지적입니다. 한국의 언론이 특히나 새겨들을 대목입니다. 한국의 언론은 종이 신문을 중심으로 작성된 기사를 포털과 인터넷 사이트에 그대로 옮기는 경우가 많습니다. 종이 신문은 하나의 신문 단위로 보기 때문에 하나의 사안을 여러 기사로 나누어 싣지만 인터넷에서는 따로따로 유통되기 때문에 맥락을 이해하기 힘듭니다. 도표나 사진 역시 종이 신문에 실었던 것을 온라인에 그대로 올리다 보니 최적화돼 있지 않습니다. '관련 기사 X면'이라는 종이 신문용 안내가 포털에 그대로 붙어 올라오기도 합니다. 언론이 독자에게 제대로 다가가지 못하는 것입니다.

믿을 수 있는 언론이 돼야

민주화 이후 공영 방송은 독재 정권 시절 자사의 보도를 반성하는 프로그램을 제작해 내보냈습니다. 남을 비판하는 언론이 이례적으로 자사의 문제점을 드러낸 것입니다. 무너졌던 공영 방송의 신뢰도가 이 같은 프로그램을 계기로 서서히 회복된 적이 있습니다.

지금의 언론은 어떻게 해야 신뢰를 회복할 수 있을까요? 언론의 보도는 소유 구조와 광고주 등으로부터 영향을 받습니다. 언론이 보도를 할 때마다 자사에 영향을 미치는 요소를 고백하면 좋겠지만 그럴 가능성은 매우 낮죠. 근본적으로 모든 언론이 정치 권력과 경제 권력으로부터 완벽한 독립을 얻는 것은 불가능에 가깝습니다.

그렇다면 현실적인 방안으로 언론사 구성원들이 자체 비평을 활성화하고 투명성을 확보할 필요성이 있습니다. 19대 대선 기간 SBS가 문재인 대통령이 후보 시절 해양수산부와 거래해 세월호 인양을 늦춘 것처럼 보도해 논란이 제기되자 언론노조 SBS본부는 진상 조사 결과를 세세하게 공개했습니다. 이 자료를 보면 독자들은 발제 기사의 초고, 데스킹 이후의 버전 등 보도가 만들어지는 과정을 알 수 있습니다. 이 자료는 뉴스 제작 과정과 데스킹의 문제를 설명하는 좋은 교재였습니다.

미국의 저명한 언론인 피터 바티아는 니먼리포트에 게재한 '2016년 대선: 언론을 위한 교훈'에서 언론의 신뢰 회복을 위해 가장 긴요한 과제로 투명성 제고를 꼽기도 했습니다. 피터 바티아는 "기자들은 편집국의 의사 결정 과정

▌ 문재인 후보와 세월호 인양 지연이 관련이 있는 것처럼 보도한 뉴스. 시청자들의 항의가 이어지자, 해당 방송사 구성원들은 어떤 점에서 잘못된 보도가 나오게 됐는지를 구체적으로 공개했다.

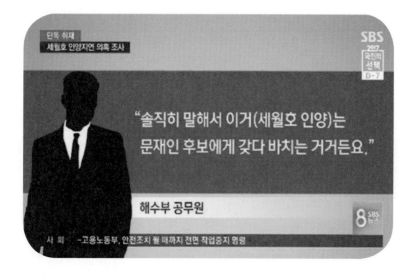

을 다룬 칼럼을 더 많이 써야 한다. 음모론이 얼마나 터무니없는지 보여 주라. 그리고 크든 작든 우리의 실수들을 인정하라"고 강조합니다.

가짜 뉴스가 심각한 문제인 건 맞지만 논란에 대한 해답은 어쩌면 복잡하지 않을지도 모릅니다. 언론이 신뢰를 회복한다면, 그리고 진짜 뉴스가 제 역할을 하게 된다면 자연스럽게 가짜 뉴스는 힘을 잃을 것입니다. 이를 위해서는 언론 스스로 투명해져야 하고, 디지털 독자에게 맞는 방식으로 다가가려는 고민이 필요합니다.

간추려 보기

- 기존 언론의 영향력과 권위가 떨어진 점이 가짜 뉴스 영향력 강화에 영향을 미쳤다.
- 한국에서는 언론이 권력에 의해 통제돼 온 역사가 반복되고 있어 언론에 대한 불신이 강하다.
- 언론은 신뢰 회복을 위해 양질의 보도를 선보이고, 투명해지고, 독자에게 맞는 방식으로 접근해야 한다.

용어 설명

가짜 뉴스 정치적이거나 경제적인 목적을 갖고 사실과 다른 내용을 뉴스인 것처럼 속여 전달하는 콘텐츠. 한국에서는 언론의 오보나 왜곡 보도에 대해서도 가짜 뉴스라는 표현을 쓰기도 한다.

대선 대통령을 뽑는 선거. 한국에서는 5년에 한 번, 미국에서는 4년에 한 번씩 치러진다. 최근 한국과 미국에서 대선이 치러지는 과정에서 후보자를 비방하는 가짜 뉴스 문제가 부상했다

미디어 리터러시 미디어의 사용 방법을 익히고 나아가 비판적으로 이해할 수 있는 역량을 기르는 교육. 미국이나 프랑스와 같은 나라에서는 국가나 지방 정부 차원에서 미디어 교육을 적극적으로 시행하고 있다. 한국에서는 시민사회 단체와 시청자미디어재단, 한국언론진흥재단 등 정부 기관에 의한 미디어 교육이 산발적으로 이뤄지고 있다.

알고리즘 컴퓨터가 특정한 과제를 해결하기 위한 계산 방법과 규칙. 페이스북의 경우 개인의 선호도에 맞는 콘텐츠를 중점적으로 보여 주는 개인화된 알고리즘 기술이 발달돼 있다.

오보 사실과 다른 보도를 가리키는 표현. 가짜 뉴스가 뉴스를 흉내 낸 콘텐츠라면 오보는 정식으로 등록된 언론사가 만든 뉴스 중 사실과 다른 내용을 담은 것을 말한다. 특정 의도를 갖고 사실과 다른 내용을 보도하는 경우도 있지만 부실한 취재 등에서 비롯한 실수로 오보를 내는 경우도 있다.

위키리크스 정부나 기업 등의 비윤리적 행위와 관련된 비밀 문서를 공개하는 미국의 폭로 전문 웹사이트. 2008년 영국 언론 이코노미스트로부터 뉴미디어상(New Media Award)을 수상한 것을 비롯해 2009년에는 국제앰네스티로부터 영국 미디어상(UK Media Award)을 수상했다.

일간지 하루 단위로 발행되는 신문. 모든 분야를 다루는 종합 일간지와 경제 분야를 다루는 경제 일간지 등으로 나뉜다. 신문이나 잡지가 일주일에 한 번 나오면 주간지, 한 달에 한 번 나오면 월간지, 계절에 한 번 나오면 계간지라고 한다.

중앙선거관리위원회 선거와 국민 투표가 공정하게 치러지도록 관리하는 기관. 선거 기간에 후보자의 명예를 훼손하거나 사실과 다른 인터넷 게시물을 삭제하는 역할도 한다. 가짜 뉴스 논란이 불거지자 중앙선거관리위원회는 가짜 뉴스에 대한 강력한 대응을 시사했다.

지라시 전단지를 가리키는 일본말 '치라시'에서 온 말. 표준어로는 '지라시'라고 쓰지만 일반적으로 '찌라시'라고 말한다. 원래는 증권가에서 정재계나 연예계 관련 정보를 담은 비공식 정보지를 일컫는 표현이었지만 최근에는 가짜 뉴스를 유포하는 수단이 됐다..

집단 극화 집단이 내린 의사 결정이 개인이 내린 의사 결정보다 극단적인 방향으로 흐르는 현상을 일컫는 말. 인터넷 환경이 자신과 성격과 관심사, 정치 성향이 맞는 사람만을 모으게 함으로써 집단 극화 현상이 심화되고 있다.

클레미(CLEMI) 프랑스의 교육부 산하 미디어 교육 기관의 이름. 각 학교에서 시행되는 미디어 교육에 대한 정책을 세우고 교재를 개발하며 관련 행사를 주관한다. 유치원과 초중고 학생들을 대상으로 미디어를 보고 비판하는 능력을 기르는 언론 주간 행사가 가장 큰 행사다.

팩트 체크 언론 보도나 정치인의 발언 등이 사실이 맞는지 검증하는 일. 가짜 뉴스가 확산되자 이에 대한 대응책 중 하나로 주목받고 있으며 한국을 비롯한 여러 국가에서 언론이 공동으로 팩트 체크를 하는 서비스를 운영 중이다.

포털 검색을 비롯해 종합적인 정보를 제공하는 인터넷 사업자로 우리나라에는 네이버, 다음, 네이트 등이 있다.

확증 편향 자신의 생각과 같거나 자신에게 유리한 정보만 선택적으로 받아들이는 경향을 일컫는 말. 페이스북 등 개인 맞춤형 알고리즘 기술이 발달하면서 뉴스를 받아들이는 과정에서도 확증 편향이 강해지고 있다. 비슷한 용어로 맞춤형 정보가 필터링을 거쳐 수용자 개인이 선호하는 정보만 전달되는 필터 버블(Filter Bubble)이 있다.

연표

2016년 1월	독일 베를린에서 13세 러시아 소녀가 난민들에게 성폭행을 당했다는 가짜 뉴스가 독일과 러시아 간의 외교적 갈등으로 번졌다.
2016년 3월	벨기에 브뤼셀에서 공항 테러가 발생했다. 앞서 한 난민이 앙겔라 메르켈 독일 총리와 함께 찍은 사진을 누군가가 '테러리스트와 찍은 사진'이라고 왜곡하는 가짜 뉴스가 퍼졌다.
2016년 12월	옥스퍼드 영어사전이 2016년 세계의 단어로 '탈진실(post-truth)'을 선정했다.
2017년 1월	독일 페이스북이 가짜 뉴스로 확인된 게시글에 대한 알림 문구를 삽입했다. 이후 미국에서도 같은 기능이 추가됐다.
2017년 2월	가짜 뉴스 차단을 위해 페이스북과 프랑스 언론이 서로 협력하기로 발표했으며 프랑스 언론사들은 '크로스체크'라는 팩트 체크 서비스를 만들었다.
2017년 2월	반기문 전 유엔 사무총장이 대선 출마를 포기하며 '가짜 뉴스'로 고통 받았다고 밝히자 국내에서도 가짜 뉴스 논란이 시작됐다.

2017년 3월	경찰이 19대 대선을 앞두고 가짜 뉴스를 엄격히 단속하겠다고 밝혔다.
2017년 3월	서울대학교, 네이버, 언론사들이 공동 팩트 체크 프로젝트인 'SNU 팩트 체크'를 발표했다.
2017년 4월	김관영 국민의당 의원이 가짜 뉴스를 유통하는 사이트를 처벌하는 '가짜 뉴스 청소법'을 발의했다.
2017년 6월	독일 연방 하원이 소셜 미디어 기업을 대상으로 한 네트워크 운용 법안을 통과시켰다. 페이스북 등 소셜 미디어가 가짜 뉴스나 테러·폭력을 선동하는 게시물, 차별 혐오 발언 같은 콘텐츠를 인지하고서도 24시간 안에 삭제하지 않으면 최대 5,000만 유로까지 벌금을 물게 하는 내용이다.

더 알아보기

서울대 팩트체크센터 http://factcheck.snu.ac.kr
서울대학교 언론정보연구소에서 만든 언론사의 팩트 체크 기사를 모아 놓고 비교하는 서비스. 19대 대선 때 처음 서비스를 시작했다.

한국언론진흥재단 http://www.kpf.or.kr/site/kpf/main.do
언론을 지원하고 언론과 관련한 교육을 하는 준정부 기관. 가짜 뉴스 논란 이후 관련 세미나를 주최하거나 가짜 뉴스에 효과적으로 대응할 수 있는 미디어 교육 방법을 연구 개발하고 있다.

미디어 리터러시 매거진 http://post.naver.com/my.nhn?memberNo=3379134
한국언론진흥재단이 계간으로 발행하는 미디어 리터러시 잡지의 온라인 버전. 가짜 뉴스의 문제점과 국가별 대응 방안, 전문가들의 인터뷰 등을 수록하고 있다.

시청자미디어재단 http://www.kcmf.or.k
방송통신위원회 산하 기관으로 전국의 시청자미디어센터를 관리하는 기구. 시청자미디어센터는 시민들이 무료로 미디어 관련 교육을 받거나 직접 미디어를 제작하는 체험을 하는 장소다.

찾아보기

내인생의책은 한 권의 책을 만들 때마다

우리 아이들이 나중에 자라 이 책이 '내 인생의 책'이라고 말할 수 있는 책을 만들고자 합니다.

세상에 대하여 우리가 더 잘 알아야 할 교양

(52) **가짜 뉴스** 처벌만으로 해결이 될까?

금준경 지음

초판 발행일 2017년 12월 15일 | 2쇄 발행일 2019년 7월 3일
펴낸이 조기룡 | 펴낸곳 내인생의책 | 등록번호 제10-2315호
주소 서울시 성동구 연무장5가길 7 현대테라스타워 E동 1403호
전화 02) 335-0449, 335-0445(편집) | 팩스 02) 6499-1165

ISBN 979-11-5723-353-3(44300)
          978-89-97980-77-2 (세트)

이 도서의 국립중앙도서관 출판예정도서목록(CIP)은 서지정보유통지원시스템 홈페이지(http://seoji.nl.go.kr)와
국가자료종합목록 구축시스템(http://kolis-net.nl.go.kr)에서 이용하실 수 있습니다 (CIP제어번호:2017031654)

내인생의책에서는 참신한 발상, 따뜻한 시선을 가진 원고를 기다리고 있습니다.
원고는 나무의 목숨값에 해당하는 가치를 지녔으면 합니다.
원고는 내인생의책 전자우편이나 홈페이지를 이용해 보내 주세요.

전자우편 bookinmylife@naver.com | **홈페이지** http://bookinmylife.com

어린이제품 안전 특별법에 의한 제품 표시

제조자명 내인생의책 | **제조 연월** 2019년 7월 | **제조국** 대한민국 | **사용연령** 5세 이상 어린이 제품
주소 및 연락처 서울시 성동구 연무장5가길 7 현대테라스타워 E동 1403호   02) 335-0449 | **담당 편집자** 박호진

디베이트 월드 이슈 시리즈

세상에 대하여 우리가 더 잘 알아야 할 교양

전국사회교사모임 선생님들이 번역 및 창작한 신개념 아동·청소년 인문교양서!

《디베이트 월드 이슈 시리즈 세더잘》은 우리 아이들에게 편견에 둘러싸인 세계 흐름에서 벗어나 보다 더 적확한 정보와 지식을 제공합니다. 모두가 'A는 B이다.'라고 믿는 사실이, 'A는 B만이 아니라, C나 D일 수 도 있다.'라는 것을 알려 주면서 아이들이 또 다른 진실을 발견하도록 안내합니다.

★ 전국사회교사모임 추천도서 ★ 문화체육관광부 우수교양도서 ★ 한국간행물윤리위원회 청소년 권장도서 ★ 서울시교육청 추천도서
★ 보건복지부 우수건강도서 ★ 아침독서 추천도서 ★ 대교눈높이창의독서 선정도서 ★ 학교도서관저널 추천도서

① 공정무역 ② 테러 ③ 중국 ④ 이주 ⑤ 비만 ⑥ 자본주의 ⑦ 에너지 위기 ⑧ 미디어의 힘 ⑨ 자연재해 ⑩ 성형 수술 ⑪ 사형제도 ⑫ 군사 개입 ⑬ 동물실험 ⑭ 관광산업 ⑮ 인권 ⑯ 소셜 네트워크 ⑰ 프라이버시와 감시 ⑱ 낙태 ⑲ 유전 공학 ⑳ 피임 ㉑ 안락사 ㉒ 줄기세포 ㉓ 국가 정보 공개 ㉔ 국제 관계 ㉕ 적정기술 ㉖ 엔터테인먼트 산업 ㉗ 음식문맹 ㉘ 정치 제도 ㉙ 리더 ㉚ 맞춤아기 ㉛ 투표와 선거 ㉜ 광고 ㉝ 해양석유시추 ㉞ 사이버 폭력 ㉟ 폭력 범죄 ㊱ 스포츠 자본 ㊲ 스포츠 윤리 ㊳ 슈퍼박테리아 ㊴ 기아 ㊵ 산업형 농업 ㊶ 빅데이터 ㊷ 다문화 ㊸ 제노사이드 ㊹ 글로벌 경제 ㊺ 플라스틱 오염 ㊻ 청소년 노동 ㊼ 저작권 ㊽ 인플레이션 ㊾ 인플레이션 ㊿ 젠트리피케이션 ⑤① 동물원